"十四五"职业教育国家规划教材

以成果为导向的情景式可视化创新创业训练系统

创业经营实战
（第二版）

陈 宏　许宝利　王 颖　编著

创新创业课程资源库
案例 • 教案 • 音视频 • PPT课件 • 电子教材
策划方案 • 课程思政资料和图片 • 创业计划书

扫描二维码，学习二十大主要精神

南京大学出版社

图书在版编目（CIP）数据

创业经营实战/陈宏,许宝利,王颖编著. -- 2版. -- 南京：南京大学出版社,2022.2（2023.8重印）
ISBN 978-7-305-25423-9

Ⅰ.①创… Ⅱ.①陈… ②许… ③王… Ⅲ.①企业管理－创业－高等职业教育－教材 Ⅳ.①F272.2

中国版本图书馆CIP数据核字（2022）第032089号

"十四五"职业教育国家规划教材

以成果为导向的情景式可视化创新创业训练系统

创业经营实战（第二版）

陈 宏　许宝利　王 颖　编著

出 版 者	南京大学出版社
社　　址	南京市汉口路22号　　邮编：210093
书　　名	创业经营实战
编　著	陈 宏　许宝利　王 颖
责任编辑	尤 佳　　　　编辑热线 025-83592315
照　　排	南京新华丰制版有限公司
印　　刷	南京凯德印刷有限公司
开　　本	889×1194　1/16　印张 7.5　字数 243千
版　　次	2022年2月第2版　2023年8月第2次印刷
ISBN	978-7-305-25423-9
定　　价	49.00元
网　　址	http://www.njupco.com
发行热线	025-83594756　83686452
电子邮箱	press@NjupCo.com
	sales@NjupCo.com（市场部）

* 版权所有，侵权必究
* 凡购买南大版图书，如有印刷质量问题，请与所购图书销售部门联系调换

"十四五"职业教育国家规划教材

以成果为导向的情景式可视化创新创业训练系统

《创业经营实战》教材编写委员会

主 任 委 员：翟树芹

副主任委员：牛玉清　许宝利　王　颖

编委（排名不分先后）：

陈宏	刘隽	张艳荣	张晶	梁芬芬	唐磊
董帅伟	李燕	邝芸	卿青	钟雪丽	林青
钟卫民	钟雪梅	陈松燔	葛晓明	刘斯林	张晓菊
刘代军	黎海燕	林明锋	林思斯	刘海英	陈子群

创业 把握经营胜算 序

创业经营如果有两个选择："胜券在握"和"胜利在望"，你会选择哪个？

我选"胜券在握"，因为"胜利在望"还有可能"阴沟里翻船"，只有"胜券在握"才能把握胜利。无论是"胜券在握"还是"胜利在望"，都涉及经营的胜算问题，这正是《创业经营实战》要解决的核心问题。

说到"经营"一词，容易同另外一个词混淆，叫"运营"。为什么本书叫"创业经营实战"不叫"创业运营实战"？经营与运营确实是有区别的，但运营与经营又有高度关联性，创业经营实战训练必须是"经营"和"运营"两手都要抓、两手都要硬。

企业经营和企业运营有哪些区别呢？

第一，在经营与运营的内外方向上有区别：（1）企业经营的方向通常是由外而内，根据外部市场需求量、需求度等变化抓住机会，制订经营计划、经营目标，再根据计划和目标去组织人、财、物的调配，在有一定高度的经营战略下领导实施，实现价值创造、价值传递和利润获取的全过程。（2）企业运营的方向通常是由内向外的，从企业内部实际情况出发，组建团队，下达任务，制订业务流程和管理流程，明确和落实具体要求，在保证人、财、物正常运转的前提下，实现企业有效控制，提高企业运营效率，通过提高运营效率去推动企业经营。

第二，在经营与运营的内核循环上有区别：（1）企业经营的内核是围绕"计划、组织、目标、领导"四要素进行循环作用的，企业面临的外部环境不同，在"计划、组织、目标、领导"四要素循环时应各有侧重。（2）企业运营的内核是围绕"任务、流程、要求、控制"四要素进行循环作用的，企业资源条件、股权构成、团队凝聚力和执行力不同，在"任务、流程、要求、控制"四要素循环时应各有侧重。

第三，在经营与运营的密切关联因素上有区别：（1）与企业经营密切关联的因素有"竞争、策略、品牌、资源"等，这些都是与市场变化高度相关的。（2）与企业运营密切关联的因素有"标准、服务、成本、质量、安全、执行力"等，这些都是与企业能否良好运转高度相关的。

第四，在经营与运营的关注结果上有区别：（1）企业经营关注的结果主要着眼于"胜算"，《孙子兵法》云：多算胜，少算不胜，而况于无算乎。经营一定是和"数"联系在一起的，经营一定要做到心中有"数"，所以从"算"和"数"的角度，学习《孙子兵法》对企业经营是颇有助益的。（2）企业运营关注的结果主要着眼于"效率"，而兵法中的行军布阵就有"运营精髓"：团队的编制是否合理有效？号令能否快速准确传达？是否上下同欲？过程步骤能否100%坚决执行？而这些"运营精髓"在两军对垒时，往往是取胜的关键。

企业经营和企业运营又是相互补充、相互衔接、相互关联的，如企业经营当中的"计划"往往与企业运营当中的"任务"相关联；企业经营当中的"目标"往往与企业运营当中的"流程"相关联；企业经营当中的"组织"往往与企业运营当中的"控制"相关联；企业经营当中的"领导"往往与企业运营当中的"要求"相关联……

《创业经营实战》分为三个模块：第一个模块是"创业经营思维训练"，7次课28个学时；第二个模块是"产品市场营销训练"，6次课24个学时；第三个模块是"创业经营管理训练"，5次课20个学时。三个模块总计72个学时，模块和课程根据实际情况可分可合，模块和课程根据实际需要可前置也可后置。本书与《实体经营》《创新思维与创业基础》《创业技能训练》《创新创业基础》《创业综合词典汇》《创业综合管理》《创新创业10步法》《粤菜创业10步法》《教创孵投成果与案例》同属创新创业特色教材丛书系列，既可供普通高等院校、高等职业院校作为相关课程的教材或辅助训练工具使用，也可用于企业的相关内训；既可供团队训练使用，也可供个人学习和参考使用。

《创业经营实战》（第二版）增加了相关知识引导训练等内容。并于2022年11月进行再次修订，增加了党的二十大精神等学习内容（扫描本教材配套资源库网站二维码）。

感谢所有看到和使用本书的人！

陈宏

2022年 于广州

目 录 CONTENTS

创业经营实战【四通八达】路径图 【02】

模块一：创业经营思维训练

创业经营思维训练之思维导图树 【03】
创业经营思维训练之1：发散式经营思维 【04】
创业经营思维训练之2：收敛式经营思维 【10】
创业经营思维训练之3：系统化经营思维 【16】
创业经营思维训练之4：水平化经营思维 【22】
创业经营思维训练之5：流程化经营思维 【28】
创业经营思维训练之6：多维度经营思维 【34】
创业经营思维训练之7：生态圈经营思维 【40】

模块二：产品市场营销训练

产品市场营销训练之思维导图树 【47】
产品市场营销训练之1：商标与产品打造 【48】
产品市场营销训练之2：市场容量与项目判断 【54】
产品市场营销训练之3：产品定价与利润 【60】
产品市场营销训练之4：品类与品牌战略 【66】
产品市场营销训练之5：产品复购与重复使用 【72】
产品市场营销训练之6：竞争与创新创业 【78】

模块三：创业经营管理训练

创业经营管理训练之思维导图树 【85】
创业经营管理训练之1：人力资源与人才获取 【86】
创业经营管理训练之2：股权结构设计与多种激励机制 【92】
创业经营管理训练之3：企业运营与模块组合 【98】
创业经营管理训练之4：经营现金流与财务报表 【104】
创业经营管理训练之5：创业方案策划与融资 【110】

附记与致谢 【116】

创业经营实战【四通八达】路径图

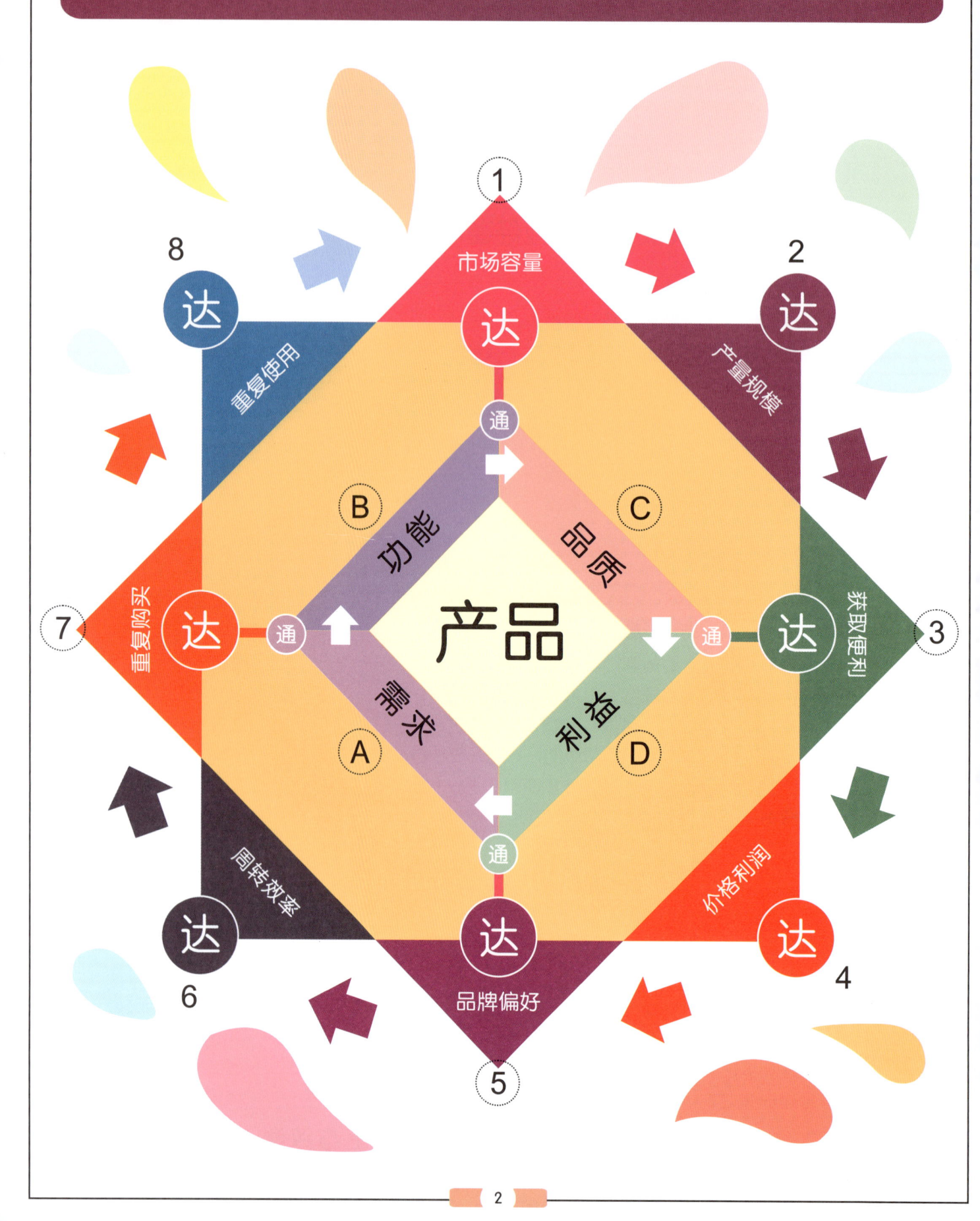

- 1 市场容量
- 2 产量规模
- 3 获取便利
- 4 价格利润
- 5 品牌偏好
- 6 周转效率
- 7 重复购买
- 8 重复使用

产品
- A 需求
- B 功能
- C 品质
- D 利益

模块一：创业经营思维训练思维导图树

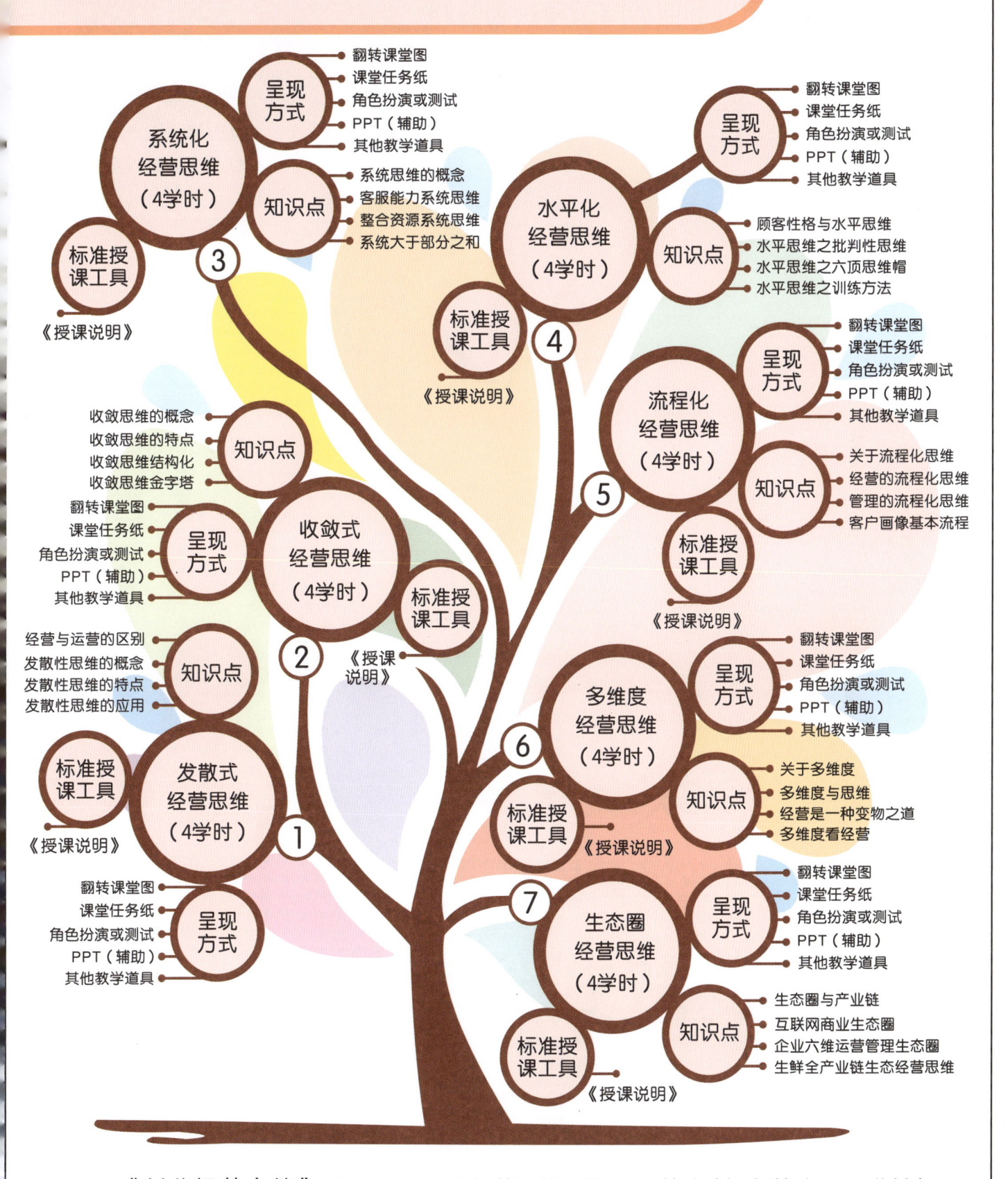

1. 发散式经营思维（4学时）

- 知识点
  - 经营与运营的区别
  - 发散性思维的概念
  - 发散性思维的特点
  - 发散性思维的应用
- 呈现方式
  - 翻转课堂图
  - 课堂任务纸
  - 角色扮演或测试
  - PPT（辅助）
  - 其他教学道具
- 标准授课工具
  - 《授课说明》

2. 收敛式经营思维（4学时）

- 知识点
  - 收敛思维的概念
  - 收敛思维的特点
  - 收敛思维结构化
  - 收敛思维金字塔
- 呈现方式
  - 翻转课堂图
  - 课堂任务纸
  - 角色扮演或测试
  - PPT（辅助）
  - 其他教学道具
- 标准授课工具
  - 《授课说明》

3. 系统化经营思维（4学时）

- 呈现方式
  - 翻转课堂图
  - 课堂任务纸
  - 角色扮演或测试
  - PPT（辅助）
  - 其他教学道具
- 知识点
  - 系统思维的概念
  - 客服能力系统思维
  - 整合资源系统思维
  - 系统大于部分之和
- 标准授课工具
  - 《授课说明》

4. 水平化经营思维（4学时）

- 呈现方式
  - 翻转课堂图
  - 课堂任务纸
  - 角色扮演或测试
  - PPT（辅助）
  - 其他教学道具
- 知识点
  - 顾客性格与水平思维
  - 水平思维之批判性思维
  - 水平思维之六顶思维帽
  - 水平思维之训练方法
- 标准授课工具
  - 《授课说明》

5. 流程化经营思维（4学时）

- 呈现方式
  - 翻转课堂图
  - 课堂任务纸
  - 角色扮演或测试
  - PPT（辅助）
  - 其他教学道具
- 知识点
  - 关于流程化思维
  - 经营的流程化思维
  - 管理的流程化思维
  - 客户画像基本流程
- 标准授课工具
  - 《授课说明》

6. 多维度经营思维（4学时）

- 呈现方式
  - 翻转课堂图
  - 课堂任务纸
  - 角色扮演或测试
  - PPT（辅助）
  - 其他教学道具
- 知识点
  - 关于多维度
  - 多维度与思维
  - 经营是一种变物之道
  - 多维度看经营
- 标准授课工具
  - 《授课说明》

7. 生态圈经营思维（4学时）

- 呈现方式
  - 翻转课堂图
  - 课堂任务纸
  - 角色扮演或测试
  - PPT（辅助）
  - 其他教学道具
- 知识点
  - 生态圈与产业链
  - 互联网商业生态圈
  - 企业六维运营管理生态圈
  - 生鲜全产业链生态经营思维
- 标准授课工具
  - 《授课说明》

《创业经营实战》 模块一：创业经营思维训练 28学时（每个学时40-45分钟）

创业经营思维训练模块可根据实际需要拆解学时，也可与《创业经营实战》其他模块配合使用。本思维导图供老师授课前备课参考和学生进行学习前预习使用。4个学时的课程可一次4节课连上，也可分为两次课上（每次2节课）。

"十四五"职业教育国家规划教材

以成果为导向的情景式可视化创新创业训练系统

创新创业课程资源库
- 案例 ● 教案 ● 音视频 ● PPT课件 ● 电子教材
- 策划方案 ● 课程思政资料和图片 ● 创业计划书

扫描二维码，学习二十大主要精神

模块一：
创业经营思维训练 之 1
发散式经营思维

模块一：创业经营思维训练之 1

发散式经营思维

· 可视化翻转课堂图 ·

A 从一块石头你能联想到什么？

A1 A2 A3 A4 A5 A6 A7 A8 A9

B 石头与空气
B1 B2 B3

C 发散思维（Divergent Thinking）

又称辐射思维、放射思维、扩散思维或求异思维，是指大脑在思考时呈现的一种扩散状态的思维模式。发散思维以问题为中心，表现为思维视野广阔，思维呈现出多维发散状。如"一题多解""一事多写""一物多用"等方式。发散思维趋向产生多种可能的答案而不是唯一正确的答案。

D 经营与运营

看胜算　看效率

外部市场　变化　机会　标准　服务　成本　质量　安全　执行力

计划　目标　领导　组织　任务　流程　控制　要求

竞争　策略　品牌　资源

D1 经营　运营 D2 企业内部

E 经营创造与发散思维的特点

发散思维是创造性思维最主要的特点，是测定创造力的主要标志之一。

发散思维特点：流畅性　变通性　独特性

流畅性是观念的自由发挥，反映的是发散思维的速度和数量特征。

变通性需要借助横向类比、跨域转化、触类旁通等方法，使发散思维沿着不同的方面和方向扩散。

独特性指人们在发散思维中做出不同寻常的、异于他人的新奇反应的能力。

分析判断　→　经营创造　→　价值创造

F 经营与发散思维的融合

F1 F2
发散思维之立体思维在经营等方面的应用

F3 动画 游戏　F5　F4 漫画 小说　F6
发散思维之平面思维在ACGN（二次元文化）经营等方面的应用

F7 人走路不动的逆向思考：路走人不动 
F8 正向思维：说话声音高低能引起金属片相应的振动
逆向思维：金属片振动也可以引起声音高低的变化 
F9 商业营销正向思维：我们出售的表走得非常准
逆向思维：我们出售的表每十年有一秒的误差
发散思维之逆向思维在发明和经营等方面的应用

F11 牛顿组合而创建的经典力学，引发了以蒸汽机为标志的第一次工业革命。
F12 麦克斯韦组合而完备的电磁理论，引发了以发电机、电动机为标志的第二次工业革命。
F13 狄拉克组合而创建的量子力学，引发了以原子能技术和电子计算机技术为标志的第三次科技革命。
发散思维之组合思维在发明和经营等方面的应用

发散性思维还有侧向思维、多路思维等方式

F10 从高铁这个概念中，你能拆解出哪些东西？从拆解出的东西里面你能发现哪些商机？这些商机能给企业经营带来怎样的帮助？
发散思维之横向思维在经营等方面的应用
横向思维就是让思维"出轨"，思维"出轨"才更有可能创新
详见：陈宏、叶亚芳 编著《创新创业基础》南京大学出版社 2018年3月

G 发散思维与经营结合的应用方法

G1 假设推测法
假设的问题应是与事实相反的情况，由假设推测法得出的观念可能大多是不切实际的、荒谬的、不可行的，但有些观念在经过转换后，可以成为合理的、有用的思路。

G2 集体发散思维法（头脑风暴法）

G3 以解决问题为中心的主要发散思维应用方法

材料发散法 G3-1	功能发散法 G3-2	形态发散法 G3-3	方法发散法 G3-4	结果发散法 G3-5
以材料为发散点，设想它的多种用途。	以功能为发散点，设想它的各种可能性。	以形态为发散点，设想它的各种可能性。	以方法为发散点，设想它的各种可能性。	以结果为发散点，推测可发生的各种结果。

5

发散式思维

【问题聚焦】

发散式思维（Divergent Thinking），又称辐射思维、放射思维、扩散思维或求异思维，是指大脑在思考时呈现的一种扩散状态的思维模式。它表现为思维视野广阔，思维呈现出多维发散状，"一题多解""一事多写""一物多用"等都是发散式思维方式。不少心理学家认为，发散式思维是创造性思维的最主要的特点，是测定创造力的主要标志之一。

发散式思维能够打破原有的思维格局，给创造者提供一种全新的思考方式。发散式思维的实质是要突破常规和定势，打破旧框框的限制，提供新思路、新思想、新概念、新办法。

【发散式思维的主要特点】

● 流畅性。当面对问题情境时，个人在规定的时间内产生的解决方法的数量多少，能够反映出心智的灵活程度和思路的通达程度。

● 变通性。即灵活性，指个人面对问题情境时，不墨守成规，不钻牛角尖，能随机应变，触类旁通。对同一问题，想出不同类型答案越多者，变通性越高。

● 独创性。个人面对问题情境时，能独具慧眼，想出不同寻常的、超越自己也超越同辈的方法，具有新奇性。

【发散式思维的主要训练方法】

● 训练方法一：功能扩散。以某种事物的功能为扩散点，设想出获得该功能的各种可能性。例如：尽可能多地设想水的用途；尽可能多地想出使脏衣服去污的办法等。

● 训练方法二：结构扩散。以某种事物的结构为扩散点，设想出利用该结构的各种可能性。例如：尽可能多列举具有"立方体"结构的东西；尽可能多地列举具有"旋钮式"结构的东西等。

● 训练方法三：形态扩散。以事物的形状、颜色、声音、味道、明暗等为扩散点，设想出利用某种形态的可能性。例如：尽可能多地设想利用红光可以做什么或办什么事；尽可能多地设想利用辣味可以做什么或办什么事等。

● 训练方法四：组合扩散。从某一事物出发，尽可能多地设想与另一事物（或一些事情）联结成具有新价值（或附加价值）的新事物的各种可能性。例如：尽可能多地说出钥匙圈可以同哪些东西组合在一起。

温馨提示：情景图任务的参考答案线索和思路都隐含在情景图和任务纸中，请根据问题用手机自查资料或案例，各团队按抽签顺序上台讲解、答辩和互动。

第一模块：创业经营思维训练之1
《发散式经营思维》
翻转课堂情景图任务 A

参见第5页翻转课堂情景图，根据实际情况选择任务，在团队讨论基础上，成员分工合作，在任务纸或大画纸上完成。

■ **一块石头你能联想到什么？** 参见第5页情景图A，完成任务：

1. 根据上图图示，写出名称及联想。除此之外，你从一块石头还能想到什么？列举不少于20个。

2. 举例阐述这些与项目经营有哪些关联性？如果你觉得以上内容和项目经营没有关联性，请举出与项目经营有关联性的要素有哪些？

3. 多角度举例阐述：下图与恐龙灭绝有哪些关联性？

4. 举例阐述：恐龙如果不灭绝，会有人类出现吗？为什么？

■ **石头与空气** 参见第5页情景图B，完成以下任务并翻转课堂：

名称：　　　　　　　　　　名称：　　　　　　　　　　名称：
联想：　　　　　　　　　　联想：　　　　　　　　　　联想：

1. 请根据上图图示，写出名称及联想。除此之外，你从空气还能想到什么？列举不少于20个。

2. 举例阐述：一块普通的石头如何成百上千倍升值？

3. 举例阐述：空气如何卖钱？

■ **发散思维** 参见第5页情景图C，完成以下任务并翻转课堂：

1. 多角度举例阐述：什么是发散思维？

2. 多角度举例阐述：发散思维对企业和项目经营会有哪些帮助？

学习心得

根据任务的难度和完成的质量、数量、创新性、相关性、匹配程度等，给予具体评分：90-99、80-89、70-79、60-69、50-59、40-49、30-39、0-29。未做任务者计0分。

发散式思维的主要类型

【类型一：立体思维】

● 立体思维思考问题时常会跳出点、线、面的单一限制。如：立体绿化（屋顶花园增加绿化面积、减少占地、改善环境、净化空气）；立体农业（广西龙胜梯田）；立体渔业（网箱养鱼）等。

【类型二：逆向思维】

● 从相反方向思考问题的方法，也叫作反向思维。客观世界中许多事物之间可相互产生，甲能产生乙，乙也能产生甲。如：化学能可以产生电能：意大利科学家伏特于1800年发明了伏特电池。反过来电能也能产生化学能：通过电解，英国化学家戴维1807年发现了钾、钠、钙、镁、锶、钡、硼等七种元素。再如：说话声音高低能引起金属片相应的振动，相反金属片的振动也可以引起声音高低的变化：爱迪生在对电话改进中，发明了世界上第一台留声机。

【类型三：侧向思维】

● 当一个人为某一问题苦苦思索时，在大脑里形成了一种优势灶，一旦受到其他事物的启发，就很容易与这个优势兴奋灶产生相联系的反应，从而解决问题。如：19世纪末，法国园艺学家莫尼哀从植物的盘根错节想到水泥加固的方法。

【类型四：横向思维】

● 相对于纵向思维而言的一种思维形式。纵向思维是按逻辑推理的方法直上直下的收敛性思维，而横向思维是当纵向思维受挫时，从横向寻找问题答案。正如时间是一维的，空间是多维的一样，横向思维与纵向思维则代表了一维与多维的互补。最早提出横向思维概念的是英国学者德博诺，他创立横向思维概念的目的是针对纵向思维的缺陷提出与之互补、对立的思维方法。

【类型五：多路思维】

● 解决问题时不是一条路走到黑，而是从多角度、多方面思考，多路思维是发散思维中最常见的类型。

【类型六：组合思维】

● 从某一事物出发，以此为发散点，尽可能多地与另一个（或一些）事物联结成具有新价值（或附加价值）的新事物的思维方式。在科学界、商业和其他行业都有大量的组合创造的实例，如：牛顿组合了开普勒天体运行三定律和伽利略的物体垂直运动与水平运动规律，从而创造了经典力学，引起了以蒸汽机为标志的技术革命。

温馨提示：情景图任务的参考答案线索和思路都隐含在情景图和任务纸中，请根据问题用手机自查资料或案例，各团队按抽签顺序上台讲解、答辩和互动。

第一模块：创业经营思维训练之1

《发散式经营思维》
翻转课堂情景图任务 B

参见第5页翻转课堂情景图，根据实际情况选择任务，在团队讨论基础上，成员分工合作，在任务纸或大画纸上完成。

■ 经营与应用 参见第5页情景图D，完成以下任务：
1. 经营和运营在着眼点方面有什么区别？
2. 经营根据外部市场变化确定经营思想、方针、策略等，注重把握机会，在实际操作时围绕"计划、目标、组织、领导"四要素进行，这四要素之间有什么关联性，是如何运行的？
3. 根据团队项目和企业自身情况，多角度举例阐述：在经营当中，"计划、目标、领导、组织"和"竞争、策略、品牌、资源"之间有什么关联性？
4. 企业根据内部情况确保正常运转，在实际操作时围绕"任务、流程、要求、控制"四要素进行，这四要素之间有什么关联性，是如何运转的？
5. 根据团队项目和企业自身情况，多角度举例阐述：在运营当中，"任务、流程、要求、控制"和"标准、服务、成本、质量、安全、执行力"之间有什么关联性？
6. 举例阐述：经营的重心"计划、目标、组织、领导"与运营的重心"任务、流程、要求、控制"之间有什么关联性？

■ 经营创造与发散思维的特点
参见第5页情景图E，完成以下任务：
1. 举例阐述：发散思维有哪些特点？
2. 举例阐述：经营的创造性特点与发散思维的特点有哪些关联性？

课程思政 案例讨论：
为什么说培养具备社会主义核心价值观的"双创"人才是中国特色创新创业教育的历史使命？

经营与发散思维的融合 参见第5页情景图F，完成以下任务并翻转课堂：

1. 举例阐述：发散思维的立体思维如何在项目和企业经营当中应用？

2. 举例阐述：发散思维的平面思维如何在项目和企业经营中应用？

3. 举例阐述：发散思维的逆向思维如何在项目和企业经营中应用？

4. 举例阐述：发散思维的横向思维如何在项目和企业经营中应用？

5. 举例阐述：发散思维的组合思维如何在项目和企业经营中应用？

发散思维与经营结合的应用方法 参见第5页情景图G，完成以下任务并翻转课堂：

1. 选择一个经营项目，用发散思维的假设推测法能列出多少种情况？分别是什么？其中可用的有哪几个？

2. 多角度举例阐述：以解决问题为中心的主要发散思维应用方法有哪些？针对你所在团队的项目，哪些方法最适合你们现在的项目？为什么？

学习心得

根据任务的难度和完成的质量、数量、创新性、相关性、匹配程度等，给予具体评分：90-99、80-89、70-79、60-69、50-59、40-49、30-39、0-29。未做任务者计0分。

"十四五"职业教育国家规划教材

以成果为导向的情景式可视化创新创业训练系统

创新创业课程资源库

● 案例 ● 教案 ● 音视频 ● PPT课件 ● 电子教材
● 策划方案 ● 课程思政资料和图片 ● 创业计划书

扫描二维码，学习二十大主要精神

模块一：
创业经营思维训练 之 2
收敛式经营思维

模块一：创业经营思维训练之 2
收敛式经营思维

可视化翻转课堂图

A 什么是思维？

A1 思维就是认识问题和分析问题的角度和线路

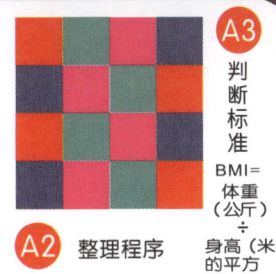

A2 整理程序

A3 判断标准 BMI=体重（公斤）÷身高（米）的平方

BMI身体质量指标	WHO标准	亚洲标准	中国参考标准	相关疾病发病的标准
体重过低	<18.5	<18.5	<18.5	低但其他疾病危险性增加
正常范围	18.5-24.9	18.5-22.9	18.5-23.9	平均水平
超重	≥25.0	≥23.0	≥24.0	增加
肥胖前期	25.0-29.9	23.0-24.9	24.0-26.9	增加
I 度肥胖	30.0-34.9	25.0-29.9	27.0-29.9	中度增加
II 度肥胖	35.0-39.9	≥30.0	≥30.0	严重增加
III 度肥胖	≥40.0	≥40.0	≥40.0	非常严重增加

A4 创新角度

B 收敛思维（Convergent Thinking）

B1 又称"聚合思维""求同思维""辐合思维"或"集中思维"。
收敛思维的特点是使思维始终集中于同一方向，使思维条理化、简明化、逻辑化、规律化。

B2 **B3**  **B4** **B5**

"收敛思维"和"发散思维"就像硬币的两个面

归纳和演绎是收敛思维最主要的两种思考方式

C 收敛思维之结构化

C1 结构化思维（Structured Thinking）属于收敛思维的一种，是指一个人在面对工作任务或者面对难题（如经营难题）时能从多个侧面进行思考，深刻分析导致问题出现的原因，在把握全局的前提下制订行动方案，并采取恰当的手段使工作得以高效率开展，取得高绩效。

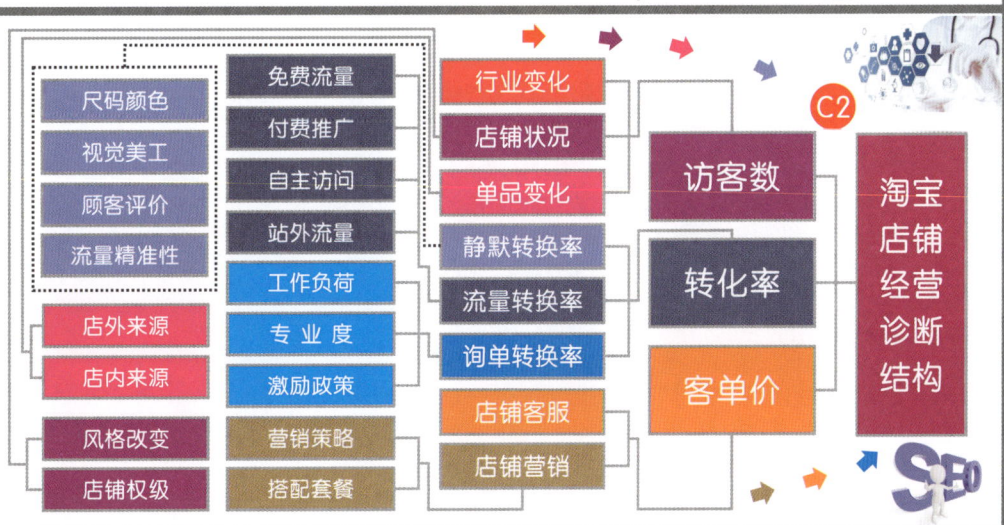

C2 淘宝店铺经营诊断结构

尺码颜色 / 视觉美工 / 顾客评价 / 流量精准性
免费流量 / 付费推广 / 自主访问 / 站外流量
店外来源 / 店内来源 / 风格改变 / 店铺权级
工作负荷 / 专业度 / 激励政策 / 营销策略 / 搭配套餐
行业变化 / 店铺状况 / 单品变化 / 静默转换率 / 流量转换率 / 询单转换率 / 店铺客服 / 店铺营销
访客数 / 转化率 / 客单价

D 收敛思维之金字塔原理

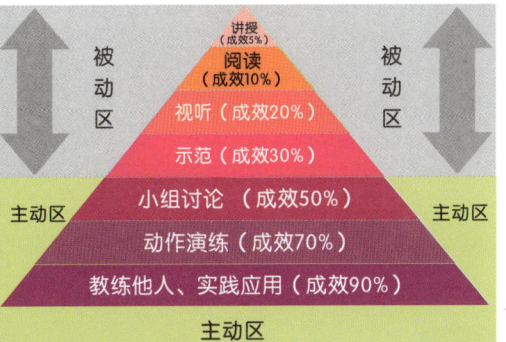

D1 学习与训练成效金字塔

讲授（成效5%）
阅读（成效10%）
视听（成效20%）
示范（成效30%）
——被动区——
小组讨论（成效50%）
动作演练（成效70%）
教练他人、实践应用（成效90%）
——主动区——

D2 经营金字塔

价值观
使命 / 愿景
目标驱动 / 分配助动
理念 / 体系 / 标准
流程 / 制度 / 方法 / 工具
产品 / 品质 / 特色 / 成本 / 服务
市场 / 创新 / 团队 / 资源 / 竞争 / 市场

E 归纳与演绎

归纳是从个别推导出一般
演绎是从一般推导出个别

E1 **E2** **E3**

F 收敛思维举例

F1 **F2** **F3**

收敛式思维的特点

【问题聚焦】

收敛式思维（Convergent Thinking）亦称"辐合性思维""求同性思维"，通过分析、综合、比较、判断和推理选出最有价值的设想，是一种有方向、有范围、有条理的思维方式。收敛式思维与"发散性思维""辐射性思维"或"求异性思维"相对，主要特点是求同，即把问题所提供的各种信息聚合起来，朝同一个方向得出一个正确的答案。如：学生从教材和参考书的各种论点中筛选出一种方法，或归纳出解决问题的一种答案等。

收敛思维也是创新思维的一种形式，与发散思维不同，发散思维是为了解决某个问题，从这一问题出发，想的办法、途径越多越好，总是追求还有没有更多的办法。而收敛思维也是为了解决某一问题，在众多的现象、线索、信息中，向着问题一个方向思考，根据已有的经验、知识或发散思维中针对问题的最好办法得出最好的结论和最好的解决方法。

【收敛式思维的特点】

● **封闭性**。如果说发散思维的思考方向是以问题为原点指向四面八方的，具有开放性，那么，收敛思维则是把许多发散思维的结果由四面八方集合起来，选择一个合理的答案，具有封闭性。

● **连续性**。发散思维具有跳跃性和间断性的特点，即思维过程中的一个设想跟另一个设想之间可以没有任何联系。收敛思维则相反，思维过程是环环相扣的，具有较强的连续性。

● **求实性**。一般来说，发散思维所产生的众多设想或方案，多数是不成熟的，也是不大切合实际的，因此必须对发散思维的结果进行筛选。收敛思维就可以起这种筛选作用，被选择出来的设想或方案是按照实用的标准来决定的，应当是切实可行的。这样，收敛思维就表现了很强的求实性。

收敛思维与发散思维是一种辩证关系，既有区别，又有联系，既对立又统一。没有发散思维的广泛收集，多方搜索，收敛思维就没有了加工对象，就无从进行；反过来，没有收敛思维的认真整理，精心加工，发散思维的结果再多，也不能形成有意义的创新结果。只有两者协同动作，交替运用，一个创新过程才能圆满完成。

温馨提示：情景图任务的参考答案线索和思路都隐含在情景图和任务纸中，请根据问题用手机自查资料或案例，各团队按抽签顺序上台讲解、答辩和互动。

第一模块：创业经营思维训练之2
《收敛式经营思维》
翻转课堂情景图任务 A

参见第11页翻转课堂情景图，根据实际情况选择任务，在团队讨论基础上，成员分工合作，在任务纸或大画纸上完成。

■ **什么是思维？** 参见第11页情景图A，完成以下任务：

1. 玩神龙摆尾（一种魔方，见下图），领悟和书面探讨一下什么是思维？思维包括哪三种模式？

2. 数数看左下图有多少个正方形？并写下计算的方法。

3. 根据下表BMI（身体质量相关指标），评估一下自己的身体状况。此方法可否用到企业"轻资产"和"重资产"的比例评估上？如何使用？

BMI 身体质量指标	WHO标准	亚洲标准	中国参考标准	相关疾病发病的标准
体重过低	<18.5	<18.5	<18.5	低 但其他疾病危险性增加
正常范围	18.5-24.9	18.5-22.9	18.5-23.9	平均水平
超 重	≥25.0	≥23.0	≥24.0	增加
肥胖前期	25.0-29.9	23.0-24.9	24.0-26.9	增加
Ⅰ度肥胖	30.0-34.9	25.0-29.9	27.0-29.9	中度增加
Ⅱ度肥胖	35.0-39.9	≥30.0	≥30.0	严重增加
Ⅲ度肥胖	≥40.0	≥40.0	≥40.0	非常严重增加

BMI=体重（公斤）÷身高（米）的平方

4. 从下图你领悟到了什么？它和创新有什么关联性？

收敛思维（Convergent Thinking）　　参见第11页情景图B，完成以下任务：

1.什么是收敛思维？收敛思维与水流旋涡和激光切割有什么关联性？水流旋涡和激光切割与企业经营又有什么关联性？

2.为什么说"发散思维"和"收敛思维"是硬币的两个面？

3.多角度举例阐述：为什么说"归纳"和"演绎"是收敛思维最主要的两种思考方式？"归纳"和"演绎"对选择创业项目有什么帮助？

收敛思维之结构化　　参见第11页情景图C，完成以下任务：

1.什么是结构化思维？结构化思维的要点在哪里？

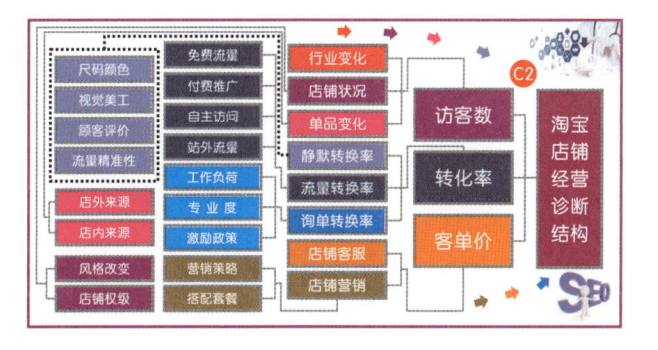

2.从淘宝店铺经营诊断结构图中，你能领悟到什么？如果你开一家淘宝店，应该先从哪里入手？

学习心得

根据任务的难度和完成的质量、数量、创新性、相关性、匹配程度等，给予具体评分：　90-99、80-89、70-79、60-69、50-59、40-49、30-39、0-29。未做任务者计0分。

13

收敛式思维主要应用方法

【问题聚焦】

运用收敛思维的过程，就是将研究对象的范围一步步缩小，最终揭示问题核心的过程，所以找到问题的实质，是彻底解决问题的关键，也是运用收敛思维应把握的关键原则。

我们在分析问题的时候，更多地要透过现象看到问题的本质，不能因为表象因素而受到蒙蔽，在思维上走进死胡同。面对问题的时候，我们要培养一种透过现象寻找本质的能力，要将目光集中在问题的关键点上，这样有助于又快又好地解决问题。

【收敛式思维的主要应用方法】

● 聚合显同法。就是把所有感知到的对象依据一定的标准"聚合"起来，显示它们的共性和本质。例：我国明朝时，江苏北部曾经出现了可怕的蝗虫，飞蝗一到，整片整片的庄稼被吃掉，人们颗粒无收……徐光启看到人民的疾苦，想到国家的危亡，毅然决定去研究治蝗之策。他搜集了自战国以来二千多年有关蝗灾情况的资料，找到了有效的治蝗方法。

● 层层剥笋法（分析综合法）。我们在思考问题时，最初认识的常常是问题的表象，然后层层分析，向问题的核心一步一步地逼近，抛弃那些非本质的、繁杂的特征，揭示出隐蔽在事物表面现象后的深层本质。

● 目标确定法。确定搜寻的目标，对目标进行认真的审视并做出判断，找出其中的关键点，围绕目标关键点进行收敛思维。目标要具体，越具体越有效，不要确定那些各方面条件不具备的目标。

● 聚焦法。我们在思考问题时，有意识、有目的地将思维过程停顿下来，并将前后思维领域浓缩和聚拢起来，以便帮助我们更有效地审视和判断某一事件、某一问题、某一片段信息。由于聚焦法带有强制性指令色彩，需要把握好两点：第一，通过反复训练，培养我们的定向、定点思维的习惯，形成思维的纵向深度和强大穿透力，犹如用放大镜把太阳光持续地聚焦在某一点上，就可以形成高热聚集。第二，经常对某一片段信息、某一件事、某一问题进行有意识的聚焦思维，自然会积淀起对这些信息、事件、问题的强大透视力、溶解力，功到自然成，最后顺利解决问题。

温馨提示 情景图任务的参考答案线索和思路都隐含在情景图和任务纸中，请根据问题用手机自查资料或案例，各团队按抽签顺序上台讲解、答辩和互动。

第一模块：创业经营思维训练之2
《收敛式经营思维》
翻转课堂情景图任务 B

参见第11页翻转课堂情景图，根据实际情况选择任务，在团队讨论基础上，成员分工合作，在任务纸或大画纸上完成。

■ **收敛思维之金字塔原理** 参见第11页情景图D，完成以下任务：

1. 从"学习与训练成效金字塔"中，你能领悟到哪些与团队训练相关的内容？

（被动区）讲授（成效5%）／阅读（成效10%）／视听（成效20%）／示范（成效30%）
（主动区）小组讨论（成效50%）／动作演练（成效70%）／教练他人、实践应用（成效90%）

2. 举例阐述：如何训练团队才更有成效？

3. 举例阐述："经营金字塔"是如何构成的？与企业实际经营有哪些关联？

价值观／使命　愿景／目标驱动　分配助动／理念　体系　标准／流程　制度　方法　工具／产品　品质　特色　成本　服务／市场　创新　团队　资源　竞争　市场

■ 归纳与演绎　　参见第11页情景图E，完成以下任务并翻转课堂：

1. 归纳和演绎有哪些关联？

2. 如何推导出"猫喜欢吃鱼"？如何推导出你家的猫喜欢吃鱼？这些同经营有什么关联？

3. 为什么猫喜欢吃鱼却不会游泳？鱼喜欢吃蚯蚓却不能上岸？这些同经营有什么关联？

■ 收敛思维举例　　参见第11页情景图F，完成以下任务并翻转课堂：

1. 如何将9个蛋糕放入4个盒子中，且每个盒子不少于3个蛋糕？

2. 左下图分别是饮料、珍珠项链、智能手机、面膜、眼罩、蜂蜜，它们之间有哪些共同点？这些同创业项目经营有什么关联？

3. 右图分别是鸽子、老鹰、蝴蝶、蜜蜂和鸡，它们之间有哪些共同点？这些同企业经营有什么关联？

学习心得

根据任务的难度和完成的质量、数量、创新性、相关性、匹配程度等，给予具体评分：　90-99、80-89、70-79、60-69、50-59、40-49、30-39、0-29。未做任务者计0分。

"十四五"职业教育国家规划教材

以成果为导向的情景式可视化创新创业训练系统

创新创业课程资源库

案例 ● 教案 ● 音视频 ● PPT课件 ● 电子教材
策划方案 ● 课程思政资料和图片 ● 创业计划书

扫描二维码，学习二十大主要精神

模块一：
创业经营思维训练之 3
系统化经营思维

模块一：创业经营思维训练之 3

系统化经营思维

可视化翻转课堂图

A 什么是系统？

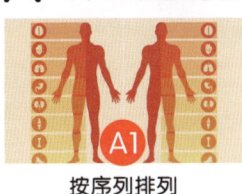

- A1 按序列排列 
- A2 按规则运行 
- A3 树与森林 
- A4 动物园

B 关于系统思维

B1 系统思维是原则性与灵活性有机结合的基本思维方式。只有运用系统思维，才能抓住整体，抓住要害，才能不失原则地采取灵活有效的方法处置事务。系统思维以系统论为基础，是把对象互相联系的各个方面及其结构和功能进行系统认识的一种思维方法，是人类掌握的最高级思维模式之一。

- B2 注重整体
- B3 把握全局
- B4 在不破坏原则的前提下灵活处置

C 客服能力的系统思维

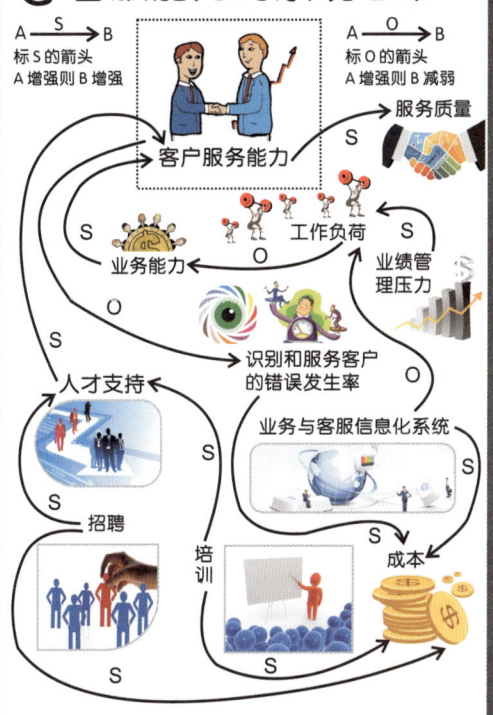

A —S→ B 标S的箭头 A增强则B增强
A —O→ B 标O的箭头 A增强则B减弱

客户服务能力、服务质量、工作负荷、业绩管理压力、业务能力、识别和服务客户的错误发生率、业务与客服信息化系统、人才支持、招聘、培训、成本

D 整合资源的系统思维

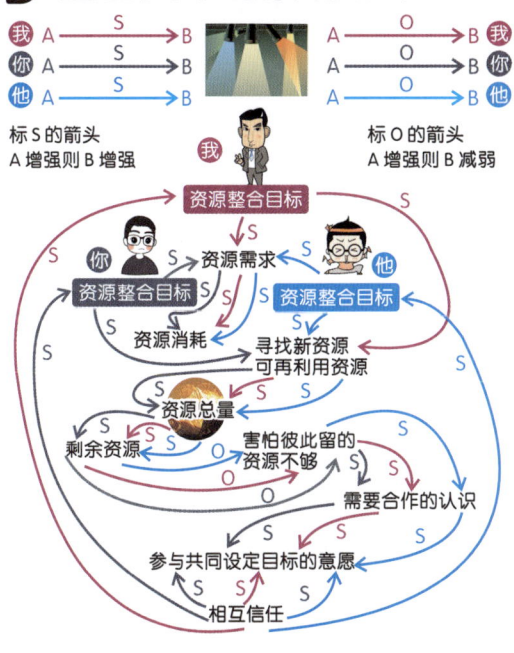

标S的箭头 A增强则B增强
标O的箭头 A增强则B减弱

资源整合目标、资源需求、资源消耗、寻找新资源、可再利用资源、资源总量、剩余资源、害怕彼此留的资源不够、需要合作的认识、参与共同设定目标的意愿、相互信任

先用发散思维找出整合资源的相关线索，再用收敛思维找到共同点，最后用系统思维将其关联起来。

E 系统大于部分之和

E1 米格-25战斗机，1964年首次试飞，是世界上第一种最大飞行速度超过3马赫的战斗机，曾打破多项飞行速度和飞行高度世界纪录，最高速飞行时，连当时的导弹都追不上。

美国后来研究米格-25时发现，米格-25的材料和每个部件都不出色，但组合在一起时性能优异，特别是速度和高空表现，这就是整体大于部分之和的"米格-25效应"。

E2 故宫自1420年（明永乐十八年）建成至今从来没有被淹过，综合原因有三：一是利用西北高东南低的地势而建，故宫建在地势最高处，水顺势流向护城河；二是强大的排水系统；三是有效的问责机制。

F

课程开发 → 门店实训 → 综合评估 → 输出 → 卓启币导入 → 【课程接入门店实训】系统图局部

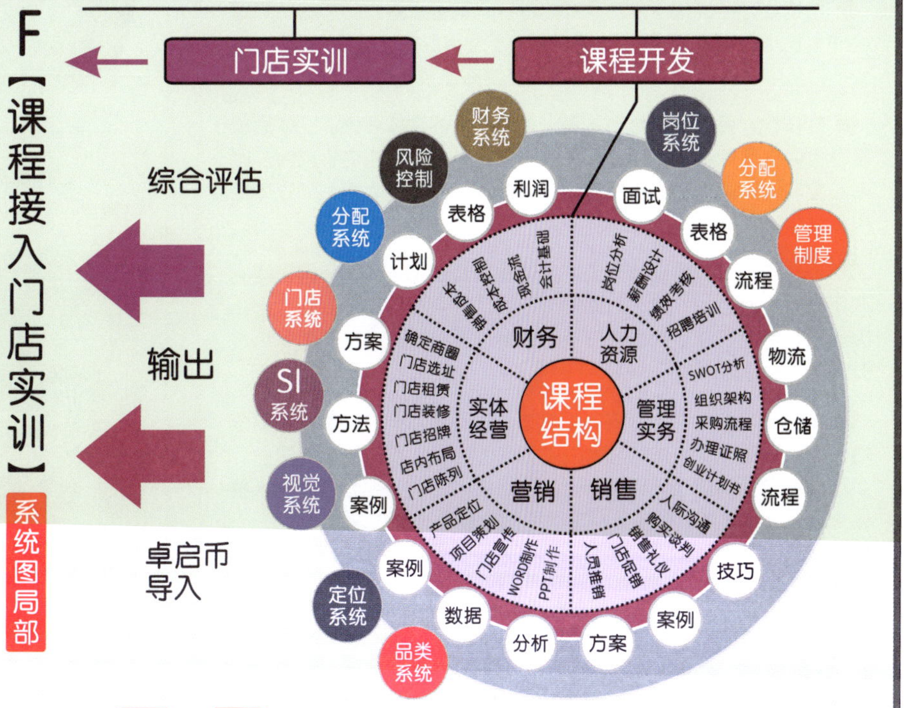

财务系统、岗位系统、分配系统、管理制度、门店系统、SI系统、视觉系统、品类系统、定位系统、风险控制

课程结构：财务、人力资源、管理实务、销售、营销、实体经营

17

系统化思维的特点

【问题聚焦】

系统化思维是原则性与灵活性有机结合的基本思维方式。只有运用系统化思维，才能抓住整体，抓住要害，才能不失原则地采取灵活有效的方法处置事务。

客观事物是多方面相互联系并不断发展变化的有机整体。系统化思维就是把对象的互相联系的各个方面及其结构和功能进行系统认识的一种思维方法。整体性原则是系统思维方式的核心，这一核心原则要求做事要立足整体，从整体与部分、整体与环境的相互作用过程来认识和把握整体。管理者和经营者思考和处理问题的时候，必须从整体出发，把着眼点放在全局上，注重整体效益和整体结果。只要合于整体、全局的利益，就可以充分利用灵活的方法来处置。

【系统化思维的主要特点】

● 整体性。系统化思维方式的整体性是由客观事物的整体性所决定，整体性是系统化思维方式的基本特征，它存在于系统化思维运动的始终，也体现在系统化思维的成果之中。系统化思维方式把整体作为出发点和归宿，在对整体情况充分理解和把握的基础上提出整体目标，然后提出满足和实现整体目标的条件，再提出能够创造这些条件的各种可供选择的方案，最后选择最优方案实现之。

● 结构性。系统化思维方式的结构性，就是把系统科学的结构理论作为思维方式的指导，强调从系统的结构去认识系统的整体功能，并从中寻找系统最优结构，进而获得最佳系统功能。

● 立体性。系统化思维方式是一种开放型的立体思维。立体思维是指主体在认识客体时要注意纵向层次和横向要素的有机耦合，时间和空间的辩证统一，在思维中把握研究对象的立体层次、立体结构和总体功能。

● 动态性。系统内部诸要素之间的联系及系统与外部环境之间的联系都不是静态的，都与时间密切相关，并会随时间不断地变化。因此，系统处于稳定状态并不意味着系统没有什么变化，而是始终处于不断演化的动态之中。

● 综合性。系统思维方式的综合性，并不等同于思维过程中的综合方面，它是比"机械的综合""线性的综合"更为高级的综合。系统思维方式的综合已经是非线性的综合，是从"部分相加等于整体"上升到"整体大于部分相加之和"的综合。

温馨提示：情景图任务的参考答案线索和思路都隐含在情景图和任务纸中，请根据问题用手机自查资料或案例，各团队按抽签顺序上台讲解、答辩和互动。

第一模块：创业经营思维训练之3

《系统化经营思维》
翻转课堂情景图任务 A

参见第17页翻转课堂情景图，根据实际情况选择任务，在团队讨论基础上，成员分工合作，在任务纸或大画纸上完成。

■ **什么是系统？** 参见第17页情景图A，完成以下任务：

1. 举例阐述：为何说系统是"按序列排列，按规则运行"？

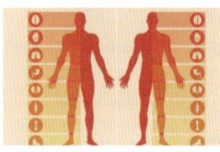

2. 从企业经营与团队建设的角度，阐述树和森林之间的关系。

3. 以你熟悉的一个动物为例，简要描述一下动物园系统布局的特点，以及这和经营管理有哪些关联？

■ **关于系统思维**　参见第17页情景图B，完成以下任务并翻转课堂：

1. 举例阐述：什么是系统思维？

2. 举例阐述：构建系统时，如何处理"注重整体、把握全局、在不破坏原则的条件下灵活处置"这三者之间的关系？

■ **客服能力的系统思维**　参见第17页情景图C，完成以下任务并翻转课堂：

1. 影响客户服务能力的因素有哪些？

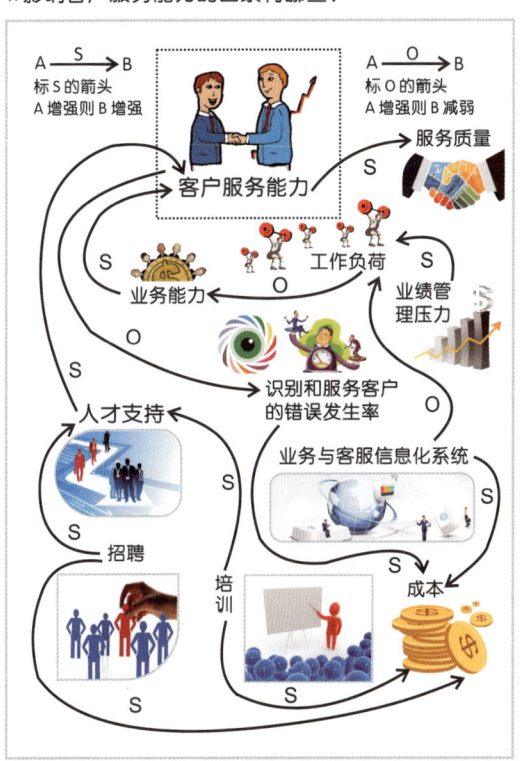

2. 举例阐述：如何提高企业和项目团队的客户服务能力？

学习心得

根据任务的难度和完成的质量、数量、创新性、相关性、匹配程度等，给予具体评分： 90-99、80-89、70-79、60-69、50-59、40-49、30-39、0-29。未做任务者计0分。

系统化思维的主要应用方法

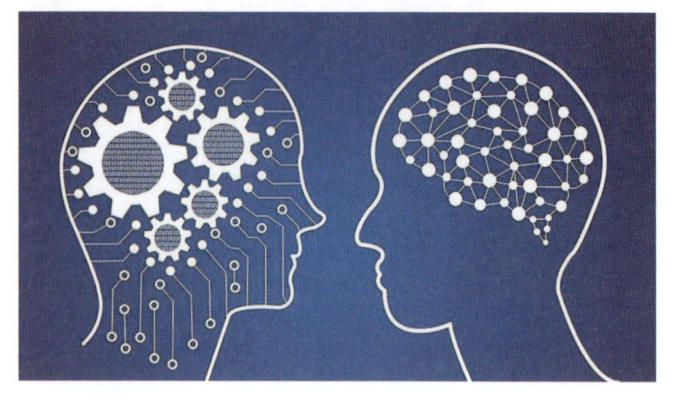

【问题聚焦】

系统化思维和创新思维是有机统一的。系统思维是一种整体思维，把认识对象作为系统来看待，要求从系统和要素、要素和要素、系统和环境的相互联系、相互作用中分析问题、解决问题。

创新思维是创造性解决问题的思维过程，它往往表现为突破常规，表现为质变、突变，进而对整个系统产生撬动和引领作用。运用系统化思维进行战略布局，既注重系统性、协同性，又强调创新性、突破性，是系统思维和创新思维的有机统一。

【系统化思维的主要应用方法】

● 整体法。整体法是在分析和处理问题的过程中，始终从整体来考虑，把整体放在第一位，而不是让任何部分的东西凌驾于整体之上。整体法要求把思考问题的方向对准全局和整体，从全局和整体出发。如果在应该运用整体思维进行思维的时候，不用整体思维法，那么无论在宏观或是微观方面，都会受到损害。

● 结构法。用结构法进行系统思维时，注重系统内部结构的合理性。系统由各部分组成，部分与部分之间组合是否合理，对系统有很大影响。这就是系统中的结构问题。好的结构是指组成系统的各部分间组织合理，是有机的联系。

● 要素法。每一个系统都由各种各样的因素构成，其中相对具有重要意义的因素称之为构成要素。要使整个系统正常运转并发挥最好的作用或处于最佳状态，必须对各要素考察周全，充分发挥各要素的作用。

● 功能法。功能法是指为了使一个系统呈现出最佳态势，从大局出发来调整或是改变系统内部各部分的功能与作用。在此过程中，可能是为了所有部分都向更好的方面改变，从而使系统状态变得更佳，也可能是为了求得系统的全局利益，以降低系统某部分的功能为代价，而使系统状态变得更佳。

温馨提示：情景图任务的参考答案线索和思路都隐含在情景图和任务纸中，请根据问题用手机自查资料或案例，各团队按抽签顺序上台讲解、答辩和互动。

第一模块：创业经营思维训练之 3

《系统化经营思维》
翻转课堂情景图任务 B

参见第17页翻转课堂情景图，根据实际情况选择任务，在团队讨论基础上，成员分工合作，在任务纸或大画纸上完成。

■ **整合资源的系统思维**　参见第17页情景图D，完成以下任务：

1. 整合资源有哪些因素？整合资源之前要先解决哪些问题？

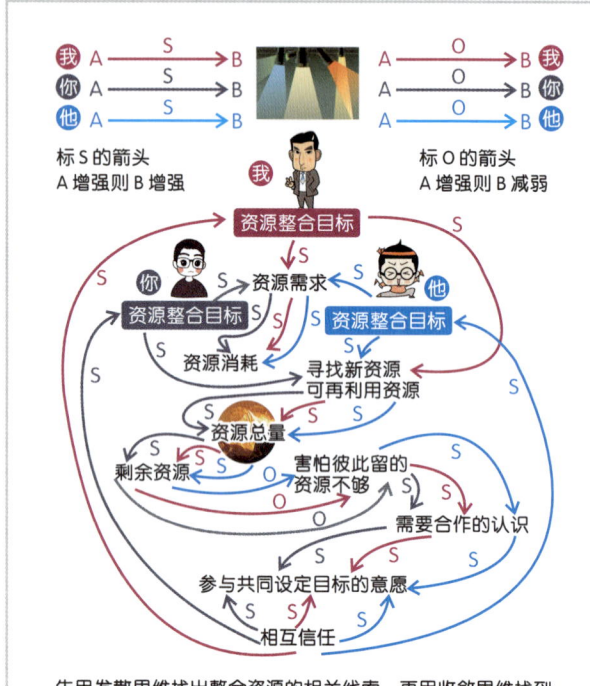

标 S 的箭头　A 增强则 B 增强
标 O 的箭头　A 增强则 B 减弱

先用发散思维找出整合资源的相关线索，再用收敛思维找到共同点，最后用系统思维将其关联起来。

2. 多角度举例阐述：企业、团队和个人如何整合资源？

■ **系统大于部分之和** 参见第17页情景图E，完成以下任务并翻转课堂：

1. 以米格-25为例阐述：系统大于部分之和，对经营有何帮助？

2. 以故宫排水系统为例阐述：系统如何做到持续稳定运营？

■ **从门店如何进行实训看课程系统结构设计** 参见第17页情景图F，完成以下任务并翻转课堂：

1. 从教学系统的角度阐述：门店实训涉及哪些课程的接入？

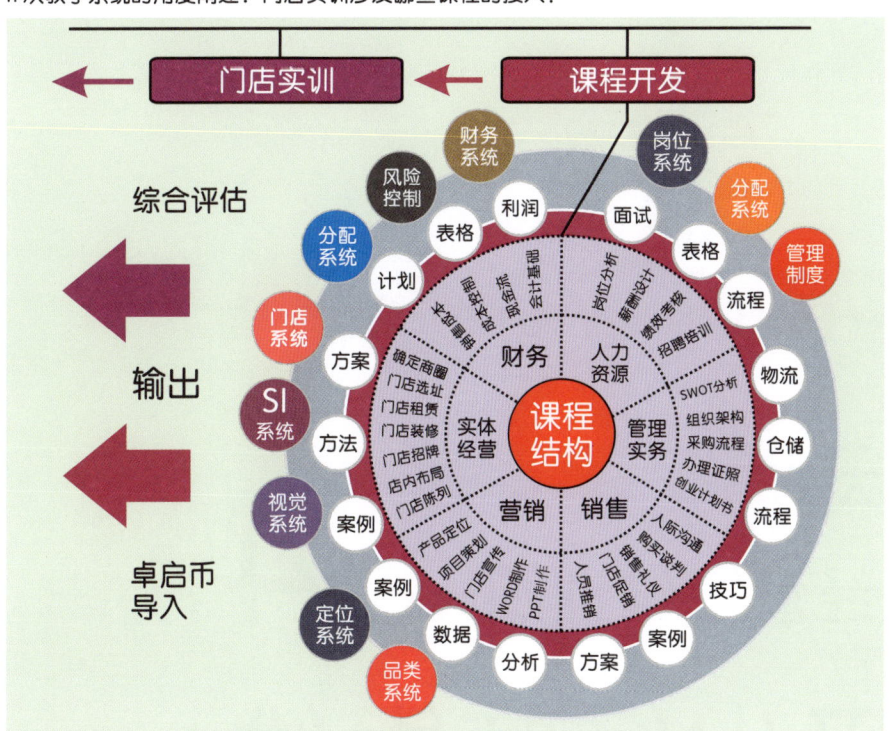

2. 在门店实训的课程体系中，哪些是与经营相关的？哪些是与运营相关的？

学习心得

根据任务的难度和完成的质量、数量、创新性、相关性、匹配程度等，给予具体评分： 90-99、80-89、70-79、60-69、50-59、40-49、30-39、0-29。未做任务者计0分。

"十四五"职业教育国家规划教材

以成果为导向的情景式可视化创新创业训练系统

创新创业课程资源库

案例 ● 教案 ● 音视频 ● PPT课件 ● 电子教材
策划方案 ● 课程思政资料和图片 ● 创业计划书

扫描二维码，学习二十大主要精神

模块一：
创业经营思维训练 之 4
水平化经营思维

模块一：创业经营思维训练之 4
水平化经营思维

可视化翻转课堂图

A 从顾客性格类型看水平思维

- **A1** 沉默型 — 只听不说，不发表意见
- **A2** 谨慎型 — 了解观察，先听后问
- **A3** 急躁型 — 说话速度快，没有耐性
- **A4** 活泼型 — 喜欢说话，容易沟通
- **A5** 嘲讽型 — 容易抵触，冷嘲热讽
- **A6** 猜疑型 — 持怀疑态度，不断提问
- **A7** 好胜型 — 坚持己见，争抢好胜
- **A8** 理论型 — 略知一二，喜欢争论
- **A9** 好奇型 — 什么都想了解，什么都想知道
- **A10** 犹豫型 — 缺乏判断，选择困难

A11 顾客性格类型引发的思维
每件事至少都有四个面：你的一面、我的一面、他的一面，以及事实真相的一面，如果说还有第五面的话，那就是未知的一面，所以需要我们不断去探索。

B 关于水平思维
水平思维是从多个方面看待同一个事物的思维方式，比如对于一件事情，我们既要看到好的一面，又要看到不好的一面，这就是运用水平思维的一种典型方式。

寻求看待事物的不同方法和不同路径

C 水平思维之批判性思维
批判性思维指的是技能和思想态度，包括基本能力和思维倾向两个方面。基本能力包括解释、分析、评估、推论、说明、自我校验；思维倾向包括求真、思想开放、分析性强、系统性高、有自信心、求知欲强、认知成熟度高等。

D 水平思维之七种类型人生价值观

- **D1** 及时行乐型（享乐主义）
- **D2** 功名型（不甘平庸，从优秀到卓越）
- **D3** 政治型（以权力和地位为中心）
- **D4** 体验型（追求过程）
- **D5** 商人型（追逐利益，划算就干，不划算就不干）
- **D6** 凡人型（平平安安，自得其乐，不想去争权夺利）
- **D7** 社会型（更多地考虑社会，考虑他人）

E 水平思维之六顶思考帽

- **E1** 白帽 — 陈述事实 — 白帽代表信息、事实和数据。
- **E2** 绿帽 — 提出建议 — 绿帽象征指导和创造力，代表创意与变革。
- **E3** 黄帽 — 列举优点 — 代表价值或者利益。
- **E4** 黑帽 — 列举缺点 — 象征谨慎、批评以及对于风险的评估。
- **E5** 红帽 — 直觉判断 — 象征感觉、情绪、直觉。
- **E6** 蓝帽 — 归纳总结 — 掌握思维过程本身，代表成果与控制。

F 水平思维之训练方法

- **F1** 替换方案
- **F2** 关注点
- **F3** 质疑
- **F4** 随机输入
- **F5** 收集
- **F6** 整理
- **F7** 评估
- **F8** 激励

水平化思维与创新技巧

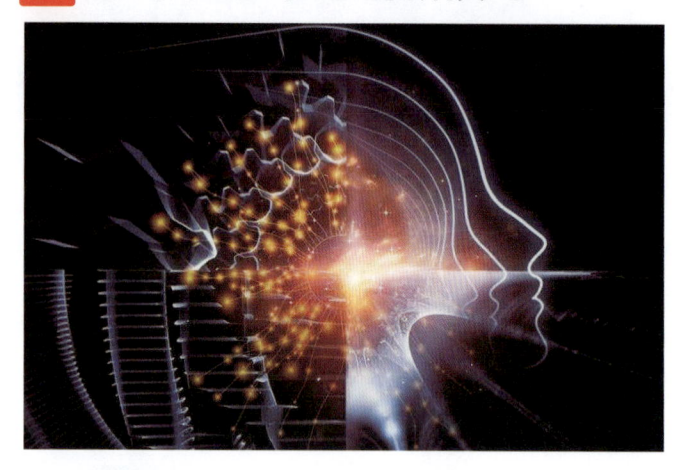

【问题聚焦】

梭鱼是一种以其他鱼类为食的大型淡水鱼。把一条梭鱼放在一个玻璃鱼缸里,用一个玻璃隔板将其与一些鲤鱼隔开。梭鱼不断想去攻击鲤鱼,但每次都狠狠地撞到玻璃隔板上。经过一段时间后,工作人员小心地取下隔板,可是梭鱼安然地待在原来的区域,并没有攻击鲤鱼。"梭鱼综合征"指的就是没感知环境的变化,错误地假设自己完全了解情况,依然按照既定的模式去面对变化的环境。

我们有时就像梭鱼一样,运用我们积累的假设和偏见来处理问题。经常认为基本假设没有任何问题,并在这一假设基础上将不同想法组合在一起,形成不同的模式。但是实际上,基本假设本身也是可供重构的模式。水平思维的目的,就是挑战所有假设,这种思维方式的意义在于尝试并重构模式,以帮助我们突破陈旧模式,僵化思想和教条主义。

【水平化思维如何创新?】

● 质疑假设。1901年,年轻的古列尔莫·马可尼来到英国进行无线电波通过大西洋传播试验。无数的专家嘲笑和质疑这个想法,他们一直认为无线电波是直线传播的,而地球是一个球体,所以这些专家理所当然地认为,直射出去的无线电信号将进入到无限的太空中去。马可尼坚持他的实验,他在英国的康沃尔设立了发射机,在美国的纽芬兰设立了接收机。令人惊讶的是,他成功地将无线电信号发送到了大西洋彼岸。原来,地球周围有一层带电荷的层,即电离层,它能反射无线电信号。事实证明,那些专家根据自己的基本假设做出的判断和推理是错误的。

● 暂缓评判。水平思维允许过程中出现错误,不要求每一步都要正确,但要求每一步都有效,因而水平思维追求最终结果的正确。水平思维也允许利用不正确的信息编排方式来启发正确的重组方式,从过程来看,水平思维需要的是改变。因此,不要急于评判。

● 随机刺激。我们的大脑是懒惰的,为了节省能量,它会自动地选择熟悉的模式,用一贯的方式去看待和解决问题。当引入随机刺激时,大脑会强迫在信息间产生联系,并会不加选择地使用信息,迫使我们从新的视角开始思考,从而形成新的模式。

● 分割、重组、标签。通过分割完整的环境或重组不同单元得到的某个新单元后,可以通过新标签来定义这个新单元。新单元一旦确定,就变成了一个新的独立模式。两个事物的结合可能产生新标签,新标签可能创造出新的事物;一个事物的标签反面是一个新的事物,当然也拥有一个新的标签。

> **温馨提示**:情景图任务的参考答案线索和思路都隐含在情景图和任务纸中,请根据问题用手机自查资料或案例,各团队按抽签顺序上台讲解、答辩和互动。

第一模块:创业经营思维训练之4
《水平化经营思维》
翻转课堂情景图任务 A

> 参见第23页翻转课堂情景图,根据实际情况选择任务,在团队讨论基础上,成员分工合作,在任务纸或大画纸上完成。

■ 从顾客性格类型看水平思维

参见第23页情景图A,完成以下任务并翻转课堂:

1. 举例阐述:按照性格特点,顾客可以分成哪些类别?

2. 从顾客分类中选出5种,分别评价一下性格的优点和缺点,门店经营中遇到这些类型的顾客该如何接洽?

3. 举例阐述:你们团队成员分别有哪些性格特点?

4. 结合企业经营情况,举例阐述对这句话的理解:"每件事至少都有四个面:你的一面、我的一面、他的一面,以及事实真相的一面,如果说还有第五面的话,那就是未知的一面,所以需要我们不断去探索。"

■ **关于水平思维** 参见第23页情景图B、C，完成以下任务并翻转课堂：

1. 举例阐述：什么是水平思维？水平思维有什么特点？

2. 举例阐述：批判性思维有什么特点？为什么说批判性思维是一种水平思维？

■ **水平思维之七种类型人生价值观** 参见第23页情景图D，完成以下任务并翻转课堂：

1. 举例阐述：人生价值观有哪七大类型？

2. 对应以上七种人生价值观，评价一下自己团队成员的价值观。

3. 举例阐述：在企业经营当中，如果员工的价值观不同，会出现哪些状况？

学习心得

根据任务的难度和完成的质量、数量、创新性、相关性、匹配程度等，给予具体评分： 90-99、80-89、70-79、60-69、50-59、40-49、30-39、0-29。未做任务者计0分。

水平化思维的经典训练模式

六顶思考帽

【问题聚焦】

六顶思考帽是英国学者爱德华·德博诺（Edward de Bono）博士开发的一种水平思维训练模式，它提供了"水平思维"的工具，强调的是"能够成为什么"，而非"本身是什么"，是寻求一条向前发展的路，而不是争论谁对谁错。运用六顶思考帽，将会使混乱的思考变得更清晰，使团体中无意义的争论变成集思广益的创造，使每个人变得富有创造性。

【六顶思考帽的六种思考方式】

● 白色思考帽。白色代表中立和客观，戴上白色思考帽，思考和关注的是客观事实和数据。

● 绿色思考帽。绿色象征勃勃生机，绿色思考帽寓意创造力和想象力，具有创造性思考、头脑风暴、求异思维等功能。

● 黄色思考帽。黄色代表价值与肯定，戴上黄色思考帽，从正面考虑问题，表达乐观的、满怀希望的、建设性的观点。

● 黑色思考帽。戴上黑色思考帽，可以运用否定、怀疑、质疑等方式进行合乎逻辑的批判，攻击缺点，找出逻辑上的错误。

● 红色思考帽。红色是情感的色彩，戴上红色思考帽，可以表现正面情绪，也可以表达直觉、感受、预感等。

● 蓝色思考帽。蓝色思考帽负责控制和调节思维过程，负责控制各种思考帽的使用顺序，规划和管理整个思考过程，并做出结论。

【六顶思考帽的应用流程】

● 戴上"白色思考帽"，搜集各环节的信息，收集各个部门存在的问题，以找到基础数据。

● 戴上"绿色思考帽"，用创新的思维来考虑这些问题，不是一个人思考，而是团队成员都用创新的思维去思考，大家提出各自解决问题的办法、好的建议、好的措施。也许这些方法不对，甚至无法实施。但是，运用创新的思考方式就是要跳出一般的思考模式。

● 分别戴上"黄色思考帽"和"黑色思考帽"，对所有的想法从"光明面"和"良性面"进行逐个分析，对每一种想法的危险性和隐患进行分析，找出最佳切合点。

● 再戴上"红色思考帽"，从经验、直觉上，对已经过滤的问题进行分析、筛选，做出决定。

● 在思考的过程中，随时运用"蓝色思考帽"，对思考的顺序进行调整和控制，甚至有时还要刹车。在整个思考过程中，可根据实际情况随时调换思考帽，进行不同角度的分析和讨论。

温馨提示：情景图任务的参考答案线索和思路都隐含在情景图和任务纸中，请根据问题用手机自查资料或案例，各团队按抽签顺序上台讲解、答辩和互动。

第一模块：创业经营思维训练之 4

《水平化经营思维》
翻转课堂情景图任务 B

参见第23页翻转课堂情景图，根据实际情况选择任务，在团队讨论基础上，成员分工合作，在任务纸或大画纸上完成。

■ 水平思维之六顶思考帽

参见第23页情景图E，完成以下任务并翻转课堂：

1. 举例阐述：六顶思考帽各有什么特点？
2. 举例阐述：在一个6人团队里面，分别具备6项思考帽的特点，一个项目方案的形成过程应经过哪些步骤？
3. 评估一下你所在的团队，团队成员各具有哪些思考帽的特点？如果团队成员的思考帽有重合或与六顶思考帽所对应的思维特点有空缺，该如何解决？

课程思政

案例讨论：
大学生创新创业训练与"人民有信仰、国家有力量、民族有希望"有什么关联？

■ **水平思维之训练方法**　参见第23页情景图F，完成以下任务并翻转课堂：

1. 举例阐述：制定一个项目方案时，通常会同时设计几个替换方案？如何操作？

替换方案

2. 举例阐述：在制定经营方案时，你最关注的要点是什么？如何操作？

关注点

3. 多角度举例阐述：在制定一个方案时，你通常会产生质疑吗？会有哪些质疑？

质　疑

4. 使用一个不关联的刺激物（词汇、图画、物体等），寻找企业更好经营的新线索。

随机输入

5. 如何用"收集"的方法去优化"经营"？

收　集

6. 如何用"整理"的方法去优化"经营"？

整　理

7. 如何用"评估"的方法去优化"经营"？

评　估

8. 如何用"激励"的方法去优化"经营"？

激　励

学习心得

根据任务的难度和完成的质量、数量、创新性、相关性、匹配程度等，给予具体评分： 90-99、80-89、70-79、60-69、50-59、40-49、30-39、0-29。未做任务者计0分。

"十四五"职业教育国家规划教材

以成果为导向的情景式可视化创新创业训练系统

创新创业课程资源库
- 案例 · 教案 · 音视频 · PPT课件 · 电子教材
- 策划方案 · 课程思政资料和图片 · 创业计划书

扫描二维码，学习二十大主要精神

模块一：
创业经营思维训练 之 5
流程化经营思维

模块一：创业经营思维训练之 5

流程化经营思维

· 可视化翻转课堂图 ·

A 流程化思维的应用与转换

- A1 发现
- A2 试验、尝试 
- A3 解释要点 
- A4 设计 
- A5 改进优化 

B 关于流程管理

流程是流程管理的核心，流程管理指的是通过制定和实施一系列的管理制度和有效措施，使得流程生命周期的各个环节都符合要求的管理过程。流程管理的主要内容包括：流程管理制度和在流程管理制度之下的流程挖掘和梳理、流程开发和实施、流程资源管理、流程执行、流程监管、流程优化等。总的来说，流程管理是一套以流程为核心的管理体系，包含制度、资源、执行、监管、优化等管理手段。

C 流程要与经营管理相结合

- C1 流程本质上是一种思维
  - 系统思维 
  - 结构思维 
  - 客户思维
- C2 设计流程要避免思维缺失 
  - 做事不够精细，方案缺乏逻辑，策略的落地性和针对性不强，是结构思维缺失的表现。
  - 具备适合的思维需要流程管理工具的实施，没有适合的工具，即使主观意愿再强烈，也很难有优化提升的效果。 
  - 不能站在全局思考问题，不清楚基本岗位、本部门的价值创造点，工作没有思路，是系统思维缺失的表现。 
  - 追求个体、部门最优，而不是整体最优，对客户诉求没有什么感觉，是客户思维缺失的表现。

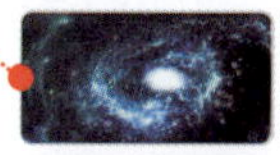

D 企业经营的用户流程化思维

用户流程化思维是指在制订具体的经营计划前，先完整描述用户参与的全部流程，并且针对流程中的每一个关键节点进行详细设计的思维方式。

描绘出用户行为的全部路径

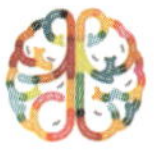

E 流程涉及企业经营和运营的方方面面

- E1 流程与战略管控
- E2 流程与组织管控
- E3 流程与经营管理
- E4 流程与制度管理
- E5 流程与职能管理
- E6 流程与采购管理
- E7 流程与现场管理
- E8 流程与客户管理

F 创业注册公司前要思考的主要流程

- F1 给公司取一个能进行工商注册的好名称（多个备选）。
- F2 设计和搭建一个可控制、易融资的股权结构。 
- F3 设置好股权激励机制，将期权池放置其中，使团队利益分配清晰。
- F4 合伙人之间签署好合伙协议，约定好合伙人股权分配细则以及进入和退出机制。

G 通过大数据对用户进行精准画像的基本流程

G1 确定用户接触点
线上（产品官网/App、电商平台、微信公众号平台、线上广告投放、微博、其他社交圈）

线下（朋友推荐、实体店体验、路牌广告投放、商圈）

G2 获取用户行为数据
线上（1.搜索：唯一页面浏览次数、页面停留时间、直接跳出访问数；2.微信公众号平台：浏览路径、访问深度；3.加入购物车：常用App或网站、时间与频次、用户生活形态偏好、用户品牌偏好；4.下单购买：回头率、流失率、促销活动转化率、唤醒率）

线下（1.挑选：用户对品牌偏好、在店内停留时间；2.轨迹：门店动线分析、店内热区分析；3.体验：提升关联产品销售量；4.购买：促销活动转化率、支付方式偏好；5.携带：配送方式偏好）

G3 给获取的数据贴上体系化标签
1. 人口属性：
性别、年龄、常驻地、籍贯、身高、血型等。
2. 社会属性：
婚恋状况、教育程度、资产情况、收入、职业等。
3. 兴趣偏好：
摄影、运动、体育、美食、美妆、服饰等。
4. 意识认知：
消费心理、动机、价值观、生活态度、个性等。

流程化思维

【问题聚焦】

流程化思维就是将思考从整体展开到局部，运用参照物、流程顺序等，将一切相关的流程步骤或者内容进行梳理，最后再进行不断优化升级的思考模式。

流程化思维通常会利用MECE（相互独立，完全穷尽）原则来解析问题：一个问题的解析要做到相互独立以及全面充分的两个要点。合理掌握MECE原则，可以在有限的时间内，最快地实现思路条理化、完善化。

【流程化思维之解析问题的辅助工具】

● 问题树。又称逻辑树或者分解树，是一种以树状形式来进行系统的问题解析，以及分解其相互关系的方法。这是麦肯锡公司常用的一种分析问题的方法。在已知问题的情况下，将问题设想成一个树干，并将子问题罗列出来，对于子问题的相关内容再继续添加树权，直到完成所有分析。运用问题树，可以快速理清思路，不进行重复和无关的思考。

● 鱼骨图。又称因果树或石川图，是一种可以快速发现"根本原因"的分析方法。使用鱼骨图时，将问题标注在鱼头上，然后在鱼骨上长出鱼刺，罗列出子问题，再在子问题的鱼刺上再长出鱼刺，罗列出产生问题的可能原因，以此来说明各个原因会产生何种后果。鱼骨图常用于头脑风暴后找出相关因素，找到相关因素后进行关联性整理，从而形成层次分明、条理清楚分析方案。

● 流程图。又称框架图，是一种以特定的图形或者符号来表示算法或者思路的方法。使用流程图时，从开始到关闭流程图，通常以特定的图形或符号对问题进行诊断，从诊断过程中可以清楚地知道问题出在哪里，从而确定可供选择的行动方案并执行。流程图是一种诊断工具，也是一种策略的辅助工具，通过流程图可以找到问题的本质，清晰地梳理出解决问题的思路，在此基础上针对性地制定解决问题的策略。

温馨提示：情景图任务的参考答案线索和思路都隐含在情景图和任务纸中，请根据问题用手机自查资料或案例，各团队按抽签顺序上台讲解、答辩和互动。

第一模块：创业经营思维训练之5

《流程化经营思维》
翻转课堂情景图任务 A

参见第29页翻转课堂情景图，根据实际情况选择任务，在团队讨论基础上，成员分工合作，在任务纸或大画纸上完成。

■ **流程化思维的应用与转换**
参见第29页情景图A，完成以下任务并翻转课堂：
1. 举例阐述：流程化思维的完整链条是怎么样的？
2. 结合企业和团队项目举例阐述：为什么说"做事有一个过程，在这个过程中容易出现问题，而流程化思维的出发点是为了解决问题"？

■ **关于流程管理** 参见第29页情景图B，完成以下任务并翻转课堂：
1. 什么是流程管理？
2. 参照下图，举例阐述工作流程、岗位职责、流程管理三者之间的关联性。

会计

基本流程

1. 给原始凭证分类
2. 填制会计凭证
3. 登记会计账簿
4. 记账凭证汇总
5. 记总账
6. 对账结账
7. 编制会计报表

编制报表以三个报表为主：《现金流量表》、《经营损益表》和《资产负债表》

岗位职责

主要岗位职责

● 审核原始单据，编制会计凭证，负责会计核算工作。
● 准确核算收入、成本费用、固定资产及固定资产折旧等会计科目，加强企业内部控制管理。
● 与出纳、跟单员、工资核算员、仓储管理员等相关人员互相配合，核对数据，确保日常业务操作过程数据准确无误。
● 月末盘点出纳现金，每月不定期盘点出纳现金至少一次；核对《银行存款余额调节表》《现金盘点表》《银行承兑票据查奇簿》等，确保资金核算准确率100%。
● 准确及时编制各类会计报表及其他各职能部门要求的报表或财务报告，并在规定的时间内上交相关主管部门；完成财务系统各功能模块的业务操作，每月某固定日期前结账。
● 确保每月结账后15日内装订好会计凭证，归集并保管会计凭证、会计报表、纳税申报表、账簿等相关资料。
● 负责对各类合同等相关文件的整理分类和保管；建立会计档案的分类索引，确保会计档案的完整性。
● 负责编制纳税申报表进行纳税申报工作，加强税企沟通，及时掌握最新税收法规及税务动向。
● 负责对用友财务系统资料数据的维护与更新；按时按质完成上级主管交办的其他任务。
● 不泄露公司财务资料，不公开讨论公司财务情况。

流程要与经营管理相结合　　参见第29页情景图C，完成以下任务并翻转课堂：

1. 举例阐述：为什么说流程和经营管理都与思维方式相关联？

2. 举例阐述：流程设计如何避免思维缺失？

企业经营的用户流程化思维　　参见第29页情景图D，完成以下任务并翻转课堂：

1. 举例阐述：什么是用户流程化思维？

2. 结合企业和团队项目产品，描述出用户行为的全部路径。

3. 举例阐述：用户流程化思维与"流程化思维的应用与转换"有哪些关联性？

学习心得

根据任务的难度和完成的质量、数量、创新性、相关性、匹配程度等，给予具体评分：　90-99、80-89、70-79、60-69、50-59、40-49、30-39、0-29。未做任务者计0分。

企业流程管理

第一模块：创业经营思维训练之5
《流程化经营思维》
翻转课堂情景图任务 B

参见第29页翻转课堂情景图，根据实际情况选择任务，在团队讨论基础上，成员分工合作，在任务纸或大画纸上完成。

■ 流程涉及企业经营和运营的方方面面

参见第29页情景图E，完成以下任务并翻转课堂：

1. 举例阐述：与企业经营和运营相关的流程有哪些类别？你认为最重要的流程类别是什么？
2. 以下是陈宏老师为某轻餐饮连锁企业设计的运营部跨部门协同工作流程图，请结合自己企业和团队实际情况画出项目运营流程图。

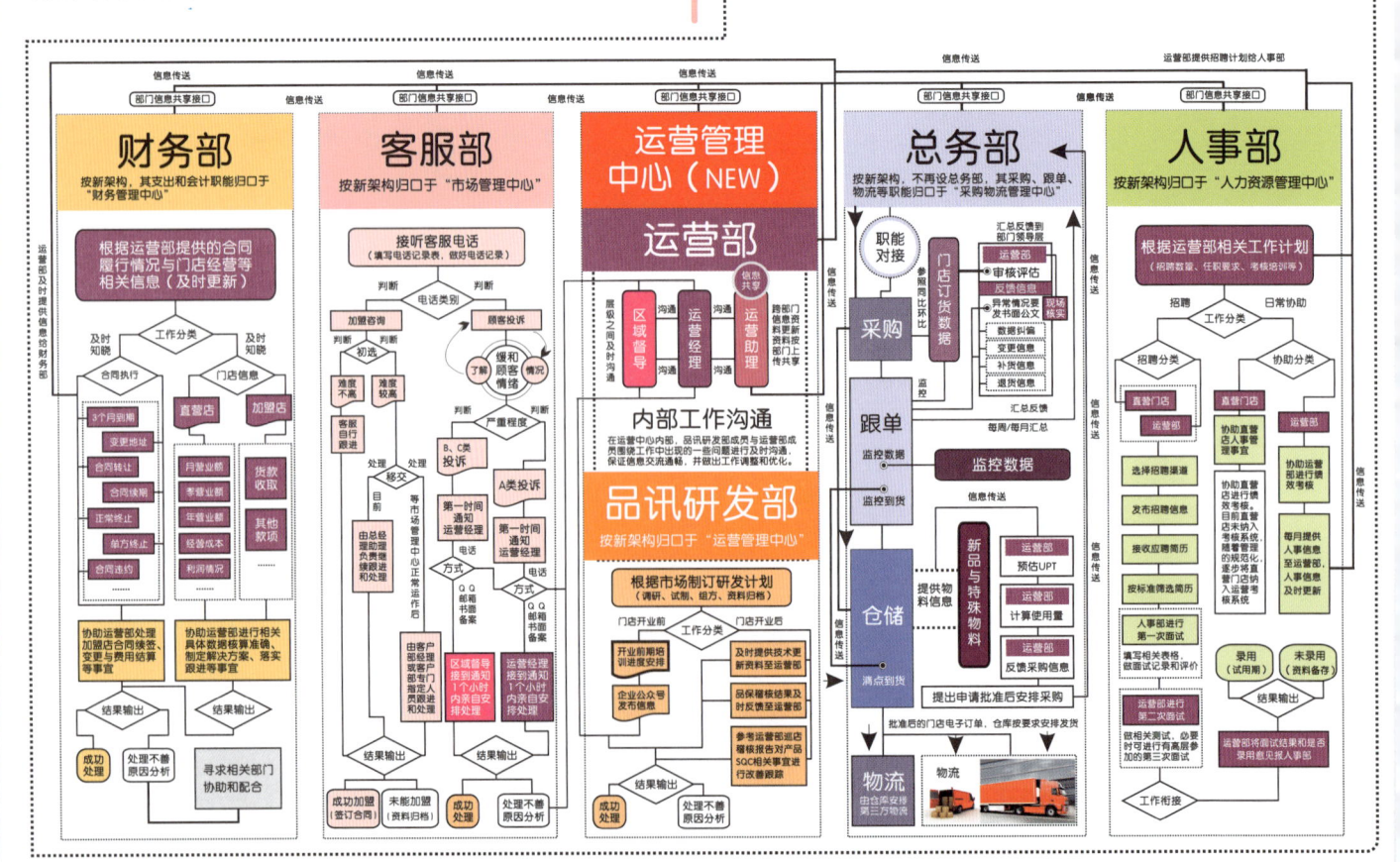

【问题聚焦】

企业流程管理主要针对企业职能管理机构重叠、中间层次多、流程不闭环等问题，使每个流程从头至尾由一个职能机构管理，做到机构不重叠、业务不重复，达到缩短流程周期、节约运作资本的作用。流程管理是为了提高顾客满意度和企业市场竞争能力，并达到提高企业绩效的目的。

【流程化思维之解析问题的辅助工具】

● 突出流程。强调以流程为导向的组织模式重组，以追求企业组织的简单化和高效化。

● 反向。从结果入手，反向倒推其过程。关注重点是结果和产生这个结果的过程。

● 注重过程效率。在对每一个事件及其过程分解的过程中，时间是重点关注的对象，通过把控时间去提升效率。

● 全流程观点。强调全流程绩效表现取代个别部门或个别活动的绩效，打破职能部门本位主义的思考方式，重视顾客需要的价值。

■ **创业注册公司前要思考的主要流程**　参见第29页情景图F，完成以下任务并翻转课堂：

1.举例阐述：创业注册公司要思考和落实的主要流程有哪些？

2.结合项目实际情况，你认为注册公司前需要思考和落实的最重要的流程是什么？为什么？该如何做？

■ **通过大数据对用户进行精准画像的基本流程**　参见第29页情景图G，完成以下任务并翻转课堂：

1.举例阐述：通过大数据对用户进行精准画像的基本流程。

2.结合企业和团队项目产品，描述出用户特征，并尝试画出用户画像。

学习心得

根据任务的难度和完成的质量、数量、创新性、相关性、匹配程度等，给予具体评分： 90-99、80-89、70-79、60-69、50-59、40-49、30-39、0-29。未做任务者计0分。

"十四五"职业教育国家规划教材

以成果为导向的情景式可视化创新创业训练系统

创新创业课程资源库

案例 ● 教案 ● 音视频 ● PPT课件 ● 电子教材
策划方案 ● 课程思政资料和图片 ● 创业计划书

扫描二维码，学习二十大主要精神

模块一：
创业经营思维训练 之 6
多维度经营思维

模块一：创业经营思维训练之 6
多维度经营思维

可视化翻转课堂图

A 关于多维度空间
多维度直接理解就是多个角度、多个层面、多个方面。

- **A1** 0维：0维是一点，没有长度。
- **A2** 1维：1维是线，只有长度。
- **A3** 2维：2维是一个平面，是由长度和宽度（或曲线）形成面积。
- **A4** 3维：3维是2维加上高度形成体积。
- **A5** 4维：4维时空通常指3维空间加1维时间。

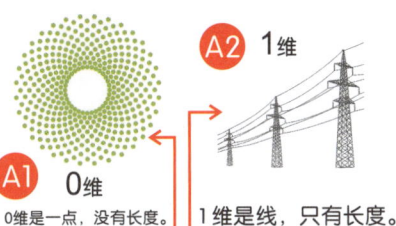

B 多维度空间的延伸

四维运动产生了五维
- 第五、六维：时间方向中的速率指向
- 第七、八维：空间方向中的状态指向
- 第九维：自身形状对应的滚动中状态转角
- 第十维：滚动时间中的自旋速率
- 第十一、十二维：时间方向中的自旋赤道轴指向
- 第十三维：时间方向中的自旋赤道轴指向漂移速率
- 第十四、十五维：时间方向中的自旋赤道轴指向漂移速度赤道平面映射方向
- 第十六维：加速率、受力强度
- 第十七、十八维：加速度方向、受力方向

在精神世界中可以认为是无限维的，精神可以在现在、过去和未来的世界里天马行空！

C 关于思维
思维就是认识问题和分析问题的角度和线路，包括整理程序、判断标准和创新角度三个方面。

- **C1** 整理程序
- **C2** 判断标准
- **C3** 创新角度

D 经营是一种变物之道

- **D1** 善变结构者 —— 点石成金
- **D2** 善变成分者 —— 去粗取精
- **D3** 善变效能者 —— 人尽其才、物尽其用、器尽其能

E 与经营相关的多维度探讨

- **E1** 数据 → **E2** 信息 → **E3** 知识 → **E4** 才能（视野、口才、力量、影响力……） → **E5** 智慧

数据经过整理变成信息，信息能解决某个问题就是知识，知识通过反复实践形成才能，才能融会贯通就是智慧。

单纯学习是得不到智慧的，只有通过学习且不断反思才能得到智慧。

F 多维度看经营
- **F1** 看自己经营
- **F2** 看竞争对手经营
- **F3** 经营的角逐
- **F4** 经营中的变化与调整
- **F5** 如何经营未来？

G 从动物看经营特点
- **G1** 鸸鹋：有毛、小翅膀、有三个脚趾
- **G2** 鸵鸟：无毛、大翅膀、只有两个脚趾
- **G3** 食火鸟

H 多维度看滥竽充数
- **H1** 齐宣王
- **H2** 南郭先生
- **H3** 齐湣王
- **H4** 会吹竽的其他人

多维度思维

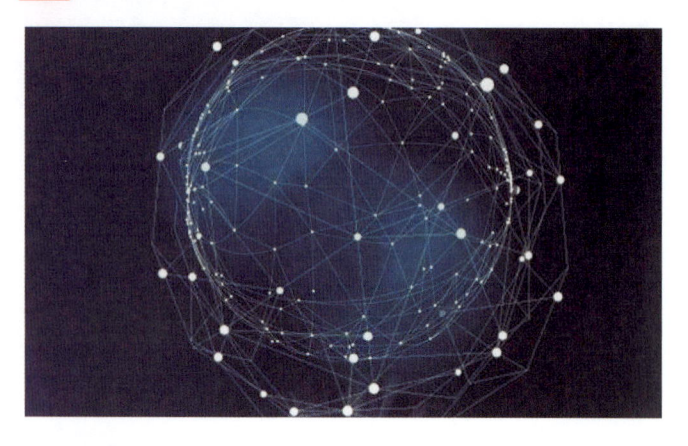

【问题聚焦】

维度，又称维数，是数学中独立参数的数目。所谓多维度就是多个角度，多个层面，多个方面。在物理学和哲学的领域内，维度指独立的时空坐标的数目，多维度空间可以从零维到十八维。零维是点，三维是有长、宽、高的立体，四维是在三维基础上加上了时间的概念。思维是认识问题和分析问题的角度和线路，包括整理程序、判断标准和创新角度三个方面。

思维维度与思考格局有着密切的联系：思维维度越高，思考格局就会越高，进而思路也会越开阔，看问题就会越通透，处事也会越周全。

【从角度、维度和层次三个方面看多维度思维】

● 问题角度。（1）从自己的角度看问题；（2）从对方的角度看问题；（3）从他人的角度看问题；（4）从客观事实的角度看问题；（5）从未知的角度看问题。

● 时间维度。（1）从过去的时间维度看问题。过去的时间维度存在我们的回忆中，通过回忆，总结出过去的经验和存在的不足之处，为当下和未来提供借鉴。站在当下，从过去的时间维度看当时的困难和危险，我们会深刻感受到困难和危险都是有意义的，因为苦难会促人成长，危险中往往蕴藏着机会和新生。（2）从现在的时间维度看问题。现在的时间维度指的是当下，我们要把握当下，并在做好当下事情的基础上，树立目标。有目标的人在奔跑，没目标的人喜欢睡觉，因为睡醒了也不知道去哪儿；有目标的人在感恩，因为达成目标需要很多人的帮助，没目标的人在抱怨，认为全世界都对他不公。（3）从将来的时间维度看问题。将来的时间维度是要看我们做的事情对将来的影响如何，以更长远的时间维度来看事情发展的影响，就不会为了眼前的利益放弃长远。比如，为了做传承，就会乐于和人分享成果，不会计较个人利益得失，就不会迷茫、不会困惑，因为时刻知道自己的将来需要什么。即使遇到了很多困难，对将来的时间维度而言都是可以解决的。

● 思维的层次高度。做这件事情到底为了什么？为了自己的利益、他人的利益，还是为了民族和国家的利益，或是全人类的利益。

温馨提示：情景图任务的参考答案线索和思路都隐含在情景图和任务纸中，请根据问题用手机自查资料或案例，各团队按抽签顺序上台讲解、答辩和互动。

第一模块：创业经营思维训练之6

《多维度经营思维》
翻转课堂情景图任务 A

参见第35页翻转课堂情景图，根据实际情况选择任务，在团队讨论基础上，成员分工合作，在任务纸或大画纸上完成。

■ 关于多维度空间　参见第35页情景图A，完成以下任务：
1. 什么是多维度？从0维到4维是如何形成的？
2. 举例阐述：0维、1维、2维、3维、4维和经营有何关联性？

■ 多维度空间的延伸　参见第35页情景图B，完成以下任务：
1. 举例阐述：四维空间和五维空间有哪些相同和不同之处？
2. 简单描述多维度空间的特点。
3. 举例阐述：企业经营和经营者的精神世界有哪些联系？

课程思政

案例讨论：
如何理解"创业要注重理论与实践相结合，具体问题具体分析，善于抓住机遇，尤其是大环境变化下注重顺势而为。"

■ **关于思维** 参见第35页情景图C，完成以下任务并翻转课堂：

1. 举例阐述：什么是思维？思维与经营有哪些联系？

2. 举例阐述：整理程序、判断标准和创新角度在经营中的实际应用。

■ **经营是一种变物之道** 参见第35页情景图D，完成以下任务并翻转课堂：

1. 举例阐述：在经营当中，为什么善变结构者点石成金？

2. 举例阐述：在经营当中，为什么善变成分者去粗取精？

3. 举例阐述：在经营当中，为什么善变效能者可以做到人尽其才、物尽其用、器尽其能？

学习心得

根据任务的难度和完成的质量、数量、创新性、相关性、匹配程度等，给予具体评分： 90-99、80-89、70-79、60-69、50-59、40-49、30-39、0-29。未做任务者计0分。

高维度思维之元认知

【问题聚焦】

高维度思维是一种高层次的多维度思维，而元认知属于高维度思维范畴。元认知又称反省认知、反思认知、超认知、后设认知，由美国发展心理学家约翰·弗拉维尔于20世纪70年代提出，元认知是个体在自己的认知过程中进行知识转化和智慧积累的能力训练，包括元认知知识和元认知控制两个主要部分。

元认知知识就是有关认知的知识，即对于什么因素影响人的认知活动过程与结果、这些因素是如何起作用的、它们之间又是怎样相互作用的等问题的认识。元认知控制是对认知行为的管理和控制，是认知主体在进行认知活动的全过程中，将自己正在进行的认知活动设定为意识对象，在学习和工作记忆中不断地对其进行积极自觉地监视、控制和调节。

【元认知策略的三种类型】

● 计划策略。计划策略是根据认知活动的特定目标，在一项活动之前制订计划、预测结果、选择策略、想出解决问题的方法，并预测其有效性，包括设置学习目标、浏览阅读材料、产生待回答的问题以及分析如何完成学习任务。

● 监控策略。监控策略是在认知活动进行的过程中，人们根据认知目标及时评价、反馈认知活动的结果与不足，正确估计自己达到认知目标的程度、水平，并根据有效性标准评价各种认知行动、策略的效果。比如：阅读时对知识点加以跟踪、考试时监视自己的速度和时间。

● 调节策略。调节策略是指人们通过对认知活动结果的检查去发现存在的问题和不足，及时采取相应的补救措施，并对认知策略进行修正和调整。

元认知策略是一种典型的学习策略，是学习者对自己的认知过程及结果进行有效监视及控制的策略。

创业者也是善于发现、善于在反省中不断提升的学习者，因此元认知策略同样适用于创业者，实现途径是：将相关数据经过整理变成信息，特定的信息用于解决某个问题成为知识，知识不断用于实践转化为能力，能力与知识融会贯通成为智慧。

温馨提示：情景图任务的参考答案线索和思路都隐含在情景图和任务纸中，请根据问题用手机自查资料或案例，各团队按抽签顺序上台讲解、答辩和互动。

第一模块：创业经营思维训练之6
《多维度经营思维》
翻转课堂情景图任务 B

参见第35页翻转课堂情景图，根据实际情况选择任务，在团队讨论基础上，成员分工合作，在任务纸或大画纸上完成。

■ 与经营相关的多维度探讨　参见第35页情景图E，完成任务：

1. 举例阐述：经营与数据有哪些关联？

数据

2. 举例阐述：经营与信息有哪些关联？

信息

3. 举例阐述：经营与知识有哪些关联？

知识

4. 举例阐述：经营与才能有哪些关联？

视野　力量　口才　影响力

才能

5. 举例阐述：经营智慧是如何形成的？

智慧

6. 举例阐述：为什么说单纯学习是得不到智慧的，只有通过学习且不断反思才能得到智慧？

■ 多维度看经营　　参见第35页情景图F，完成以下任务并翻转课堂：

1. 举例阐述：可以从哪几个维度去看经营？

2. 举例阐述：经营如何准确预测未来？

■ 从动物看经营特点　　参见第35页情景图G，完成以下任务并翻转课堂：

1. 举例阐述：鸵鸟与鸸鹋和食火鸟有哪些差别？

2. 如何从类似动物特征识别去看同行业的目标竞争对手识别？

■ 多维度看滥竽充数　　参见第35页情景图H，完成以下任务并翻转课堂：

1. 举例阐述：经营中，"齐宣王"是如何思考的？

2. 举例阐述：经营中，"齐湣王"是如何思考的？

3. 举例阐述：经营中，"南郭先生"和他的同伴是如何思考的？

4. 举例阐述：如果你是经营者，在用人方面你有哪些自己的看法？

学习心得

根据任务的难度和完成的质量、数量、创新性、相关性、匹配程度等，给予具体评分： 90-99、80-89、70-79、60-69、50-59、40-49、30-39、0-29。未做任务者计0分。

"十四五"职业教育国家规划教材

以成果为导向的情景式可视化创新创业训练系统

创新创业课程资源库

案例 ● 教案 ● 音视频 ● PPT课件 ● 电子教材
策划方案 ● 课程思政资料和图片 ● 创业计划书

扫描二维码，学习二十大主要精神

模块一：
创业经营思维训练 之 7
生态圈经营思维

模块一：创业经营思维训练之 7

生态圈经营思维

可视化翻转课堂图

A 生态圈与产业链

A1 生态圈
生态圈又称商业生态圈：指商业活动的各利益相关者通过共同建立一个价值平台，以实现良性循环。

共赢 整体 进化 和谐
联动 竞争 开放
持续发展 信息产业生态圈 有序
收购兼并 合作
自由 股权置换 共赢
精准定位 举例
充满生机 危机四伏
实现整个链条和系统的和谐发展

A2 产业链
产品链本质上描述的是一个具有某种内在联系的（社会分工）企业群落，是个较为宏观的概念。 
下游 协作配套 中游 配套协作 上游
产业链的范围大于供应链

生态圈是一个比产业链范围更广的概念，它不仅包含协作配套构成产业链的各企业主体，还包含为企业主体持续发展提供人才、科技、融资及基础设施等要素支持的整个外部环境。

B 互联网商业生态圈

互联网 大数据 云计算 推动 互联网+ 移动互联网 推动
B1 发展
商业生态圈 商业生态圈 商业生态圈
市场 market + 用户 + 产品 + 企业价值链
商业生态圈 商业生态圈 商业生态圈
B2 商业生态圈
B4 从互联网的角度去想问题
B3 互联网思维6大特征 大数据 零距离 趋透明 慧分享
B5 跨越各种终端设备 智能眼镜 台式电脑 笔记本电脑 平板电脑 智能手机 智能手表 便操作
惠众生

C 企业六维运营管理生态圈

统帅 手段
C1 文化管理：保证做正确的事。
C2 信息管理：核心是了解事物的确定性程度，力求做真实可靠的事。
前提
C3 知识管理：强调如何用正确的方法做事，它是以计划为起点，以战略为核心。
企业六维运营管理
手段
C5 权变管理：随环境的变化，变通地做事。
C4 艺术管理：因人而异，用人性、自然、简单、和谐的方法有效激励下属努力工作。
手段 结果
C6 执行管理：对文化、信息、知识、艺术和权变等五种执行力进行协调管理。

D 生鲜全产业链生态经营思维

D1-D3 生产 | 加工 D4-D8 | 物流 D9-D11 | 销售 D12-D14

D1 生态种植 **D2** 禽畜养殖 **D3** 水产养殖 **D4** 饲料加工 **D5** 生产有机肥
D10 **D9** **D8** 食品加工 **D7** 屠宰加工 **D6** 种植初加工
仓储配送 冷链物流

全程质量监管 **D11** 质量 **D12** 连锁专卖店 **D13** 生鲜电商 **D14** 新零售

以互联网为依托，运用大数据、人工智能等先进手段，对商品的生产、流通与销售过程进行升级改造，重塑人、货、业态结构和生态圈，这是一种对线上服务和线下体验以及现代物流进行深度融合的零售新模式。

生态思维与生态圈

第一模块：创业经营思维训练之 7
《生态圈经营思维》
翻转课堂情景图任务 A

参见第41页翻转课堂情景图，根据实际情况选择任务，在团队讨论基础上，成员分工合作，在任务纸或大画纸上完成。

■ **生态圈与产业链** 参见第41页情景图A，完成以下任务：
1. 结合企业和团队项目举例阐述：什么是商业生态圈？
2. 结合企业和团队项目多角度举例阐述：什么是产业链？供应链、产业链和商业生态圈有什么区别和联系？
3. 结合企业和团队项目举例阐述：产业链的上游、中游、下游如何构成？

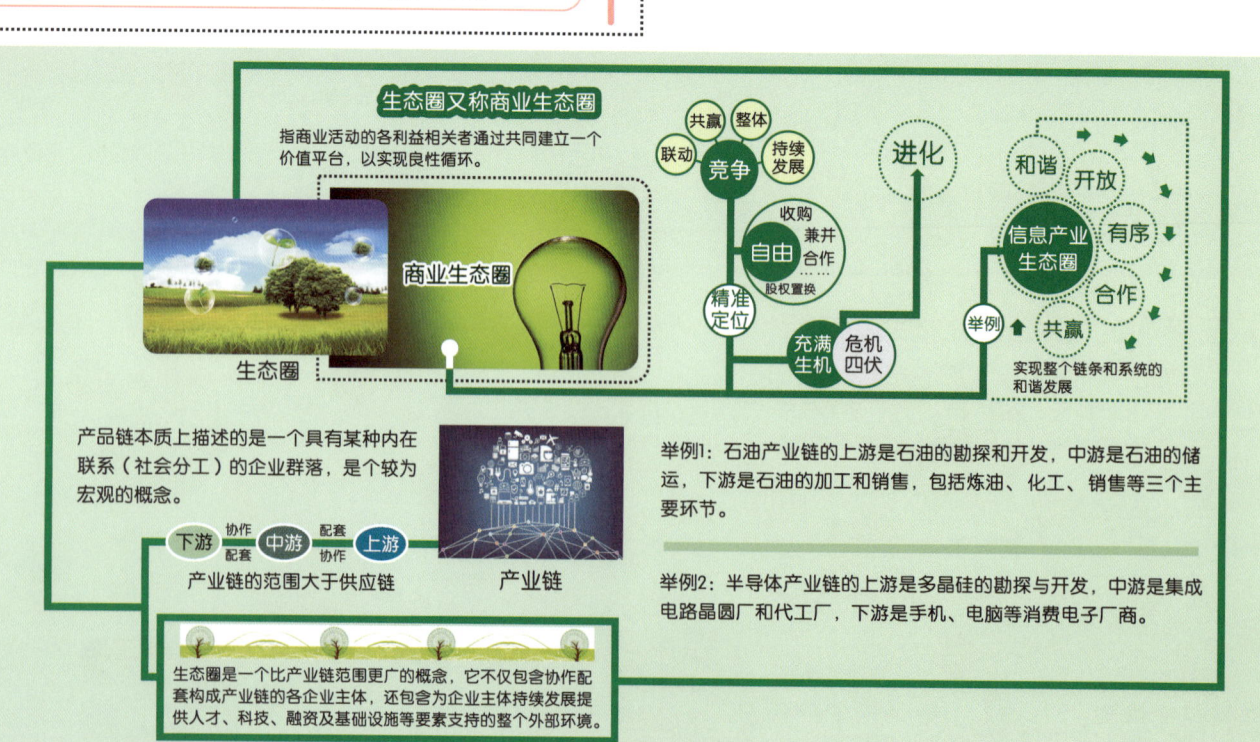

【问题聚焦】

生态圈又称商业生态圈，指商业活动的各利益相关者通过合作共同建立一个价值平台。商业的本质是供需的两端交换，在市场经济环境下，竞争是必然发生、无法避免的。商家之间差异化的良性竞争是有益的，同质化的恶性竞争是惨烈的。商业生态圈就是要通过差异化和相互合作的方式建立良性循环、生生不息的生态系统。

建立生态圈需要有生态思维：生态中的事物是广泛关联的，个体事物的发展趋势、状态变化和各种选择并不是随机的，也不是完全独立自主决定的，而是受到整个生态的影响，这就是生态思维。典型生态思维的主要类型有淘金模型、森林模型和池塘模型。商家要将生态思维运用于商业活动中，在布局商业活动时，不能仅仅考虑商业主体本身，还应考虑到周围的环境以及自身与环境的关系，以建立起良性生态圈。

【生态思维的5个核心原则】
● 多元化 ● 开放共创 ● 连接流通 ● 编排引导 ● 价值共享

温馨提示 情景图任务的参考答案线索和思路都隐含在情景图和任务纸中，请根据问题用手机自查资料或案例，各团队按抽签顺序上台讲解、答辩和互动。

生态圈又称商业生态圈
指商业活动的各利益相关者通过共同建立一个价值平台，以实现良性循环。

共赢 整体
联动 竞争 持续发展
自由 收购兼并合作 进化
股权置换
精准定位
充满生机 危机四伏

和谐 开放
信息产业生态圈 有序
合作 共赢
举例 实现整个链条和系统的和谐发展

产品链本质上描述的是一个具有某种内在联系（社会分工）的企业群落，是个较为宏观的概念。

下游 协作配套 — 中游 配套协作 — 上游

产业链的范围大于供应链   产业链

举例1： 石油产业链的上游是石油的勘探和开发，中游是石油的储运，下游是石油的加工和销售，包括炼油、化工、销售等三个主要环节。

举例2： 半导体产业链的上游是多晶硅的勘探与开发，中游是集成电路晶圆厂和代工厂，下游是手机、电脑等消费电子厂商。

生态圈是一个比产业链范围更广的概念，它不仅包含协作配套构成产业链的各企业主体，还包含为企业主体持续发展提供人才、科技、融资及基础设施等要素支持的整个外部环境。

● **互联网商业生态圈** 参见第41页情景图B，完成以下任务并翻转课堂：

1. 举例阐述：是什么在推动着互联网发展？互联网发展的方向是什么？

2. 举例阐述：是什么构成了互联网商业生态圈？

3. 举例阐述：互联网思维有哪些特征？

学习心得

根据任务的难度和完成的质量、数量、创新性、相关性、匹配程度等，给予具体评分： 90-99、80-89、70-79、60-69、50-59、40-49、30-39、0-29。未做任务者计0分。

产业互联网

【问题聚焦】

产业互联网是基于互联网技术和生态，对各个垂直产业的产业链和内部的价值链进行重塑和改造，从而形成的互联网生态和形态。产业互联网是一种新的经济形态，利用信息技术与互联网平台，充分发挥互联网在生产要素配置中的优化和集成作用，实现互联网与传统产业深度融合。

产业互联网赋能实体经济。产业互联网正在为我国传统产业转型和实体经济发展注入新的动能、释放新的活力，并在农业、制造业、文化、交通、旅游等领域展现出十分广阔的应用前景。

【产业互联网主要应用领域】

● 制造业领域。驱动制造业组织变革和生产变革，赋予制造业网络化协同、服务化延伸、个性化定制、智能化生产等新特征，重构了制造业价值链。

● 农业领域。产业互联网将从根本上改变农业生产的价值创造和实现方式，全面推动农业结构快速调整、充分释放各类新型农业经营主体发展活力。例如产业互联网将再造农产品流通形态，拓宽农产品销售渠道。众多电子商务平台下沉，增加了农产品的传播途径和销售方式，解决了农产品销售难的问题。

● 交通与物流领域。互联网与交通产业相结合，既满足了群众出行的个性化需求，又提升了各类交通运输方式的运行效率。移动应用平台能够实现物流运输从订单、运单、交付到结算的全过程覆盖，从而大幅提升了综合物流运输效率和服务流程。

● 其他领域。产业互联网还在文化、金融、旅游、能源、环保、教育、医疗等领域推进产业发展模式创新和转型升级，为经济发展注入新动力，释放新活力。

第一模块：创业经营思维训练之7

《生态圈经营思维》
翻转课堂情景图任务 B

参见第41页翻转课堂情景图，根据实际情况选择任务，在团队讨论基础上，成员分工合作，在任务纸或大画纸上完成。

■ 企业六维运营管理生态圈　参见第41页情景图C，完成任务：

1. 结合企业和团队项目举例阐述：企业六维运营管理生态圈之文化管理、信息管理、知识管理、艺术管理、权变管理、执行管理的核心分别是什么？如何有效实现？

2. 结合企业和团队项目举例阐述：如何理解企业六维运营管理生态圈"文化管理是统帅，信息管理是前提，知识管理、艺术管理、权变管理是手段，执行管理是结果"？

企业六维运营管理生态圈

- 文化管理：保证做正确的事。
- 知识管理：强调如何用正确的方法做事，它是以计划为起点，以战略为核心。
- 权变管理：随环境的变化，变通地做事。
- 执行管理：对文化、信息、知识、艺术和权变等五种执行力进行协调管理。
- 艺术管理：因人而异，用人性、自然、简单、和谐的方法有效激励下属努力工作。
- 信息管理：核心是了解事物的确定性程度，力求做真实可靠的事。

统帅 — 文化管理
前提 — 信息管理
手段 — 知识管理、艺术管理、权变管理
结果 — 执行管理

■ **生鲜全产业链生态经营思维**　参见第41页情景图D，完成任务并翻转课堂：

流程图：1 生态种植 → 2 禽畜养殖 → 3 水产养殖 → 4 饲料加工 → 5 生产有机肥 → 6 种植初加工 → 7 屠宰加工 → 8 食品加工 → 9 冷链物流 → 10 仓储配送 → 全程质量监管 → 11 → 连锁专卖店 → 12 → 13 生鲜电商 → 14 新零售

14 新零售：以互联网为依托，运用大数据、人工智能等先进手段，对商品的生产、流通与销售过程进行升级改造，重塑人、货、场业态结构和生态圈，这是一种对线上服务和线下体验以及现代物流进行深度融合的零售新模式。

1. 举例阐述：生鲜全产业链生态经营的全过程。

2. 举例阐述：在生鲜全产业链中，生产链包括哪些？加工链包括哪些？物流链包括哪些？销售链包括哪些？

3. 举例阐述：为什么说生鲜全产业链下游的发展方向是新零售？

学习心得

根据任务的难度和完成的质量、数量、创新性、相关性、匹配程度等，给予具体评分：90-99、80-89、70-79、60-69、50-59、40-49、30-39、0-29。未做任务者计0分。

创业经营实战【四通八达】路径图

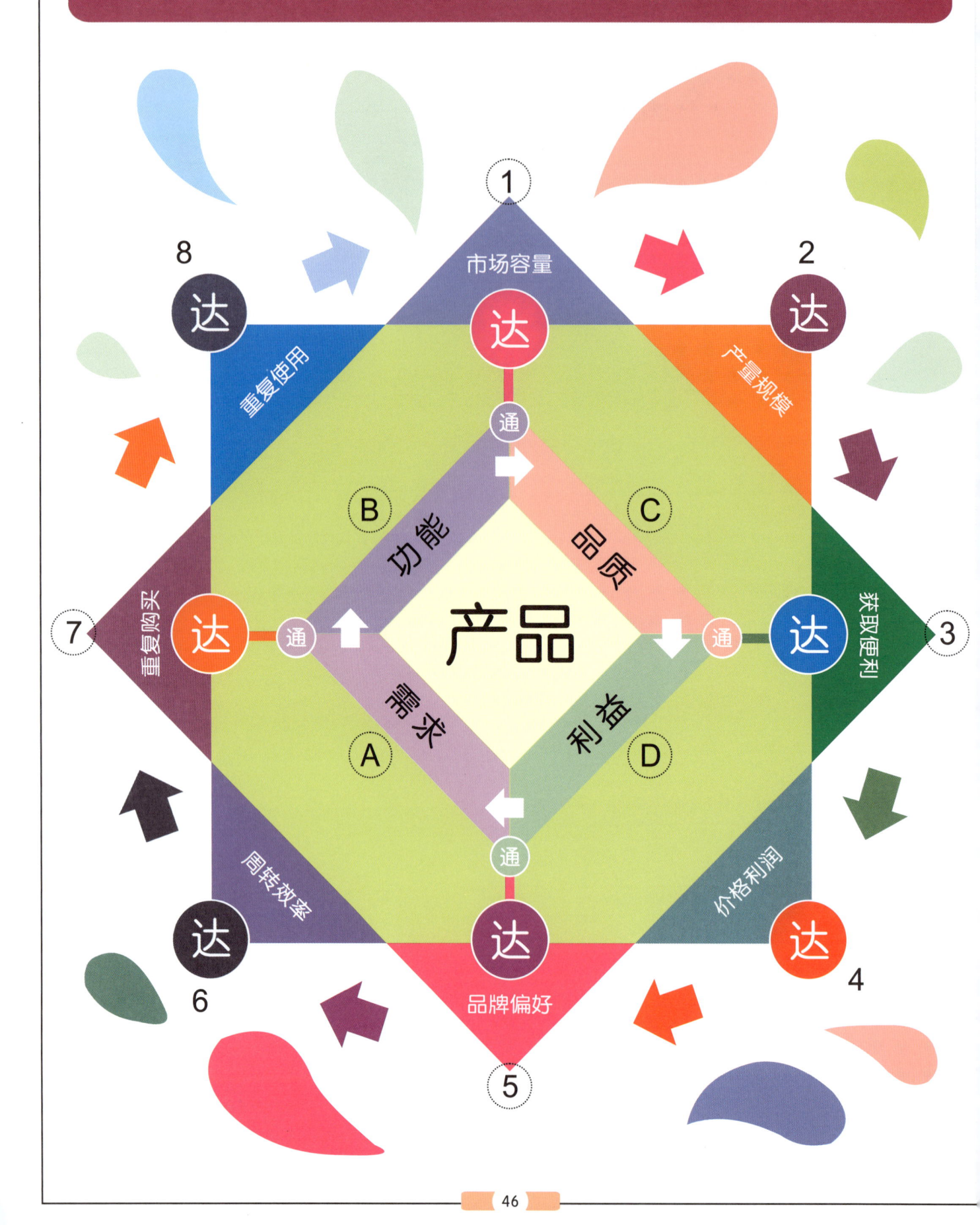

市场容量 ①
产量规模 ②
获取便利 ③
价格利润 ④
品牌偏好 ⑤
周转效率 ⑥
重复购买 ⑦
重复使用 ⑧

产品
功能 B
品质 C
需求 A
利益 D

通

模块二：产品市场营销训练思维导图树

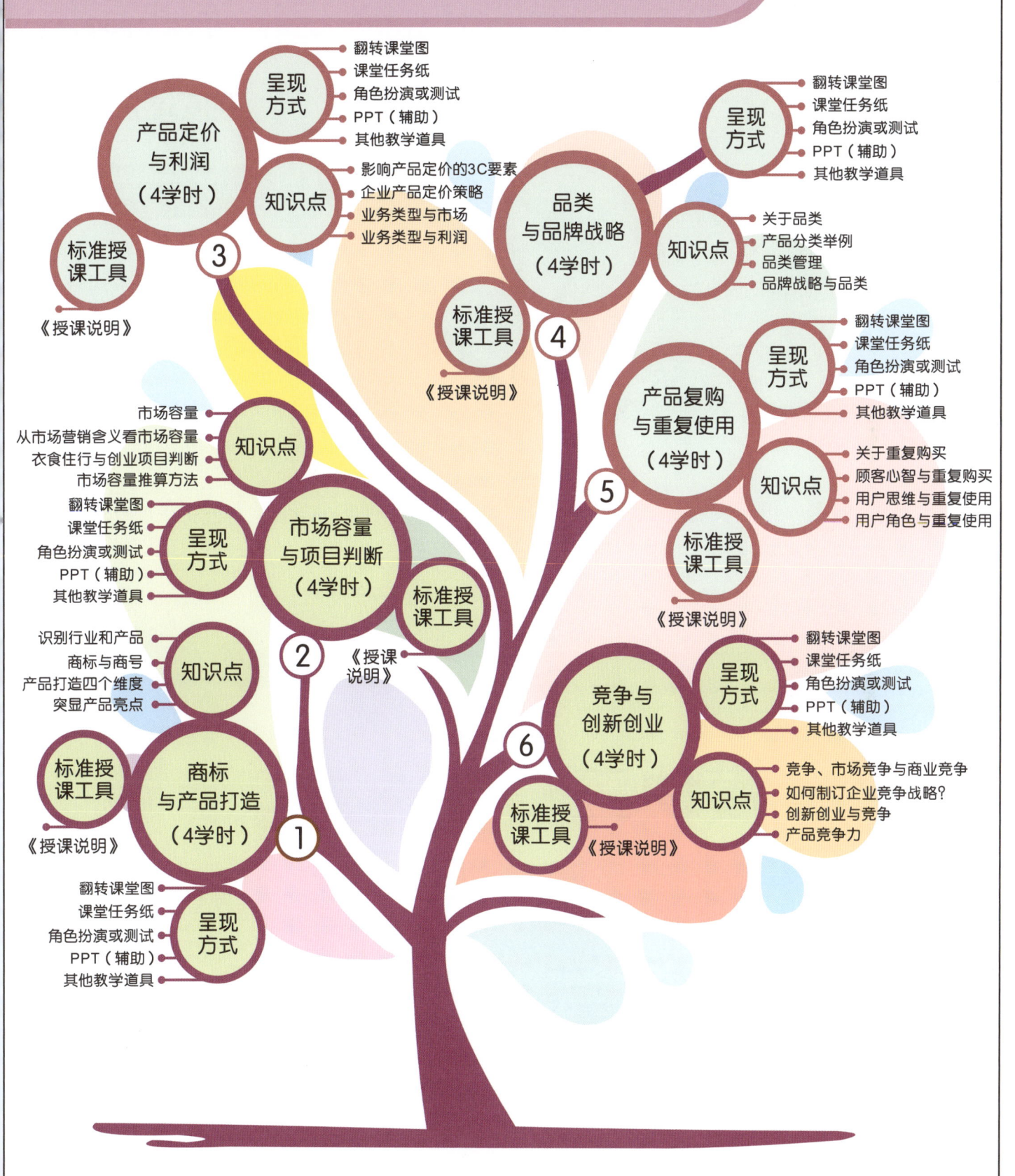

3. 产品定价与利润（4学时）

- 呈现方式
  - 翻转课堂图
  - 课堂任务纸
  - 角色扮演或测试
  - PPT（辅助）
  - 其他教学道具
- 知识点
  - 影响产品定价的3C要素
  - 企业产品定价策略
  - 业务类型与市场
  - 业务类型与利润
- 标准授课工具
  - 《授课说明》

4. 品类与品牌战略（4学时）

- 呈现方式
  - 翻转课堂图
  - 课堂任务纸
  - 角色扮演或测试
  - PPT（辅助）
  - 其他教学道具
- 知识点
  - 关于品类
  - 产品分类举例
  - 品类管理
  - 品牌战略与品类
- 标准授课工具
  - 《授课说明》

5. 产品复购与重复使用（4学时）

- 呈现方式
  - 翻转课堂图
  - 课堂任务纸
  - 角色扮演或测试
  - PPT（辅助）
  - 其他教学道具
- 知识点
  - 关于重复购买
  - 顾客心智与重复购买
  - 用户思维与重复使用
  - 用户角色与重复使用
- 标准授课工具
  - 《授课说明》

2. 市场容量与项目判断（4学时）

- 知识点
  - 市场容量
  - 从市场营销含义看市场容量
  - 衣食住行与创业项目判断
  - 市场容量推算方法
- 呈现方式
  - 翻转课堂图
  - 课堂任务纸
  - 角色扮演或测试
  - PPT（辅助）
  - 其他教学道具
- 标准授课工具
  - 《授课说明》

1. 商标与产品打造（4学时）

- 知识点
  - 识别行业和产品
  - 商标与商号
  - 产品打造四个维度
  - 突显产品亮点
- 标准授课工具
  - 《授课说明》
- 呈现方式
  - 翻转课堂图
  - 课堂任务纸
  - 角色扮演或测试
  - PPT（辅助）
  - 其他教学道具

6. 竞争与创新创业（4学时）

- 呈现方式
  - 翻转课堂图
  - 课堂任务纸
  - 角色扮演或测试
  - PPT（辅助）
  - 其他教学道具
- 知识点
  - 竞争、市场竞争与商业竞争
  - 如何制订企业竞争战略？
  - 创新创业与竞争
  - 产品竞争力
- 标准授课工具
  - 《授课说明》

《创业经营实战》第二模块：产品市场营销训练 24学时（每个学时40-45分钟）

产品市场营销训练模块可根据实际需要拆解学时，也可与《创业经营实战》其他模块配合使用。本思维导图供老师授课前备课参考和学生进行学习前预习使用。4个学时的课程可一次4节课连上，也可分为两次课上（每次2节课）。

"十四五"职业教育国家规划教材

以成果为导向的情景式可视化创新创业训练系统

创新创业课程资源库

案例 ● 教案 ● 音视频 ● PPT课件 ● 电子教材
策划方案 ● 课程思政资料和图片 ● 创业计划书

扫描二维码，学习二十大主要精神

模块二：
产品市场营销训练 之 1
商标与产品打造

模块二：产品市场营销训练之 1
商标与产品打造

可视化翻转课堂图

A 从LOGO设计识别行业和产品 （以下是陈宏老师设计的相关LOGO）

A1 Bollys 宝力视	A2	A3 衣佳人得	A4 诗培迪尔	A5 AI GOLL	A6 泰思奇 TasKi	A7	A8	A9 硅の巢 SiNest	A10 2房 1舱 Two rooms One cabin	A11 如意杀毒
A12 百萃 珠宝 BESTREAS	A13 今今 King&Queen	A14 BOSIJAZ	A15 BC	A16	A17	A18	A19	A20 美瑞联 U·G Oregon	A21	A22 喜雀会
A23 宝贤阳光 Health for eyes	A24 金百爵 Genboza	A25 宝施曼 BOSMAI	A26 SEasy	A27 礼金	A28	A29 Koobi 酷比酷必	A30 ZOZON	A31 广州零售 Chain Experts 连锁专家	A32	A33 CRSTURE

B 商标与商号

B1 商标与注册

商标（Trade Mark）是一个专门的法律术语。品牌或品牌的一部分在政府有关部门依法注册后，称为"商标"。商标受法律的保护，注册者有专用权。国际市场上著名的商标，往往在许多国家注册。

商标有"注册商标"与"未注册商标"之区别。注册商标是在政府有关部门注册后受法律保护的商标，未注册商标则不受商标法律的保护。

B2 商标分类（45大类）

01类 – 化学原料	02类 – 颜料油漆	03类 – 化妆品	04类 – 燃料油脂	05类 – 医药卫生
06类 – 五金金属	07类 – 机械设备	08类 – 手工器械	09类 – 数码	10类 – 医疗器械
11类 – 家电	12类 – 运输工具	13类 – 军火烟花	14类 – 珠宝钟表	15类 – 乐器
16类 – 文化用品	17类 – 橡胶制品	18类 – 皮具箱包	19类 – 建筑材料	20类 – 家具
21类 – 日用品	22类 – 绳网袋篷	23类 – 纺织纱线	24类 – 床上用品	25类 – 衣服鞋帽
26类 – 花边花链	27类 – 地毯席垫	28类 – 体育玩具	29类 – 干鲜奶油	30类 – 食品调料
31类 – 水果花木	32类 – 啤酒饮料	33类 – 酒	34类 – 烟草烟具	35类 – 广告贸易
36类 – 金融物管	37类 – 建筑修理	38类 – 电信	39类 – 运输旅行	40类 – 材料加工
41类 – 教育娱乐	42类 – 科研服务	43类 – 餐饮酒店	44类 – 医疗园艺	45类 – 社会法律

B3 商标查询
Http://home.saic.gov.cn/
国家工商总局官网之"商标查询"

B4 商号与商号查询

商号即商家字号，在当地工商局经核准登记注册。一般而言，商标必须与其所依附的特定商品相联系而存在，而商号则必须与生产或经营该商品的特定商家相联系而存在。注册的商号具有地域性，而国家注册商标一般只受注册类别限制而不受地域限制。

C 产品打造的四个维度

C1 需求
需求（demand）是指人们有能力购买并且愿意购买某个具体商品的欲望。
痛点 / 痒点 / 问题 / 兴奋点

C2 功能
产品的功能与顾客的需求有关
- 基本功能
- 心理功能
- 附加功能

顾客购买一种产品实际上购买的是产品所具有的功能和产品使用性能。比如，汽车有代步的功能，冰箱有保持食物新鲜的功能，空调有调节空气温度的功能。

C3 品质 
产品的品质就是满足用户需求的标准，包括服务标准等。
外观 / 构造 / 材质 / 功能 / 可靠性 / 耐用性
品质是成就品牌最重要的因素

C4 利益 指用来满足自身欲望的一系列物质、精神的东西。  
利益是用来解决各种矛盾的，利益的不同取决于所面临的矛盾的不同。

D 如何突显产品亮点？

D1 突出产品的细节差异

D2 幽默的产品描述
降低人们对广告的抵触心理

D3 使用目标顾客日常用语营造亲切感

D4 使用贴近消费者生活的行业和专业术语

D5 了解目标顾客心理，用顾客对产品的正面评价来描述产品，以提高其说服力和可信度

D6 用场景描述式的语言来激发客户的想象

D7 巧妙的讽刺和自嘲

E 产品销售在市场上的三种状态

E1 能卖动货，但不理想

E2 产品畅销

E3 产品滞销

E4 价值等于价格
E5 价值大于价格
E6 价值小于价格

价值：消费者给产品的货币评价，即值多少。
价格：商家给产品的货币表现（定值）。

49

商标与商号

【问题聚焦】

企业商号，即字号，是企业名称中除去行政区域划分、行业、经营特点、组织形式之外，显著区别与其他企业的标志性文字。

商标是用以识别和区分商品或者服务来源的标志。任何能够将自然人、法人或者其他组织的商品与他人的商品区别开的标志，包括文字、图形、字母、数字、三维标志、颜色组合和声音等，以及上述要素的组合，均可以作为商标申请注册。注册商标是在政府有关部门注册后受法律保护的商标，未注册商标不受法律保护。

【商标与商号的主要区别】

● 功能和作用不同。商号主要用来区分不同的企业，而商标主要用来区分不同的商品，可以根据不同的商品来注册商标。一个商事主体只能有一个商号，但可以有许多表示不同商品的商标。

● 表现形式不同。根据我国《企业名称登记管理规定》，商号一般只能用两个以上的汉字组成；而根据我国《商标法》的规定，商标除汉字外，还可以采用数字、图形、拼音、颜色和英文字母等来组合运用。因此，商标的表现形式比商号要丰富很多。

● 使用的范围和效力不同。中国对于商标权的规定是商标一旦正式注册在全国范围内都有效，注册商标权的有效期为10年，到期可以进行续展。而商号权则有一定的区域限制，经国家工商行政管理部门核准后在一定的区域内使用，企业的营业执照只要通过工商部门正常年检，商号的使用期限就没有限制。

温馨提示：情景图任务的参考答案线索和思路都隐含在情景图和任务纸中，请根据问题用手机自查资料或案例，各团队按抽签顺序上台讲解、答辩和互动。

第二模块：产品市场营销训练之1
《商标与产品打造》
翻转课堂情景图任务 A

参见第49页翻转课堂情景图，根据实际情况选择任务，在团队讨论基础上，成员分工合作，在任务纸或大画纸上完成。

■ **从LOGO设计识别行业和产品** 参见第49页情景图A，完成任务：

1. 从陈宏老师设计的相关LOGO中，看看这些LOGO涉及了哪些行业？LOGO是否能反映行业或产品特征？为什么？

2. 右下图是陈宏老师为岭南创业管理学院2012级林泽森同学毕业后做创业项目设计的两个LOGO，你能从LOGO判断这个项目是做什么的吗？如果这个品牌做服装适合吗？为什么？

3. 你认为右下LOGO适合做哪些行业？为什么？这些行业中有与你的企业或团队项目相关吗？请具体描述一下。

■ **商标与商号**　参见第49页情景图B，完成以下任务并翻转课堂：

1. 举例阐述：什么是注册商标？什么是注册商号？注册商标和注册商号有哪些区别？中国驰名商标与一般注册商标相比有哪些区别？

2. 根据企业和团队的行业与项目产品特点，设计两款商标（含图案和中英文名称）。

第一款设计：　　　　　　　　　　　　　　　　第二款设计：

3. 根据企业和团队的行业和项目产品特点以及市场策略，在45大类商标中选择要注册哪些大类，并阐述理由。

01类－化学原料	02类－颜料油漆	03类－化妆品	04类－燃料油脂	05类－医药卫生
06类－五金金属	07类－机械设备	08类－手工器械	09类－数码	10类－医疗器械
11类－家电	12类－运输工具	13类－军火烟花	14类－珠宝钟表	15类－乐器
16类－文化用品	17类－橡胶制品	18类－皮具箱包	19类－建筑材料	20类－家具
21类－日用品	22类－绳网袋蓬	23类－纺织纱线	24类－床上用品	25类－衣服鞋帽
26类－花边拉链	27类－地毯席垫	28类－体育玩具	29类－干货奶油	30类－食品调料
31类－水果花木	32类－啤酒饮料	33类－酒	34类－烟草烟具	35类－广告贸易
36类－金融物管	37类－建筑修理	38类－通讯电信	39类－运输旅行	40类－材料加工
41类－教育娱乐	42类－科研服务	43类－餐饮酒店	44类－医疗园艺	45类－社会法律

4. 根据已经设计好的商标图案和中、英文，登录国家工商总局官网进行商标查询，进入商标查询窗口后选择的大类能否注册？

5. 根据已拟定的商标中文，登录"红盾网"，查询在自己所在的城市能否工商注册商号？如果注册不了，有何对策？

学习心得

根据任务的难度和完成的质量、数量、创新性、相关性、匹配程度等，给予具体评分：90-99、80-89、70-79、60-69、50-59、40-49、30-39、0-29。未做任务者计0分。

产品整体概念

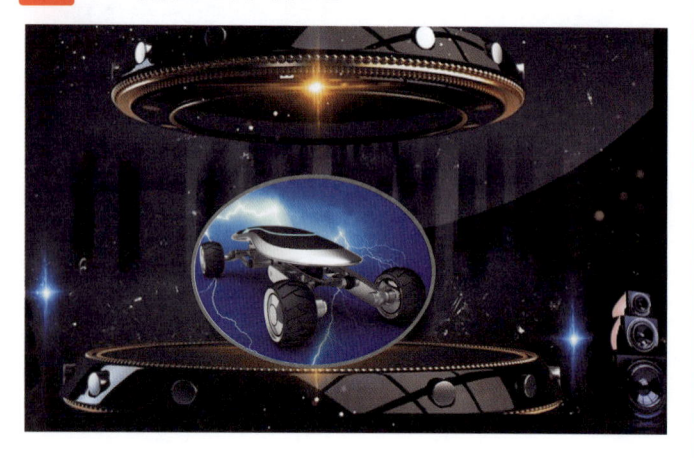

【问题聚焦】

产品整体概念包含核心产品、有形产品、附加产品、期望产品和潜在产品五个层次。狭义的产品是指具有某种特定物质形状和用途的物品,是看得见、摸得着的东西。广义的产品是指人们通过购买而获得的能够满足某种需求和欲望的物品的总和,它既包括具有物质形态的产品实体,又包括非物质形态的利益。广义的产品就是"产品整体概念"。

【产品整体概念的五个层次】

● 核心产品。是指消费者购买某种产品时所追求的利益,是顾客真正要买的东西,因而在产品整体概念中也是最基本、最主要的部分。消费者购买某种产品,并不是为了占有或获得产品本身,而是为了获得能满足某种需要的效用或利益。

● 有形产品。是核心产品借以实现的形式,即向市场提供的实体和服务的形象。如果有形产品是实体品,则它在市场上通常表现为产品质量水平、外观特色、式样、品牌名称和包装等。产品的基本效用必须通过某些具体的形式才得以实现。

● 附加产品。是顾客购买有形产品时所获得的全部附加服务和利益,包括提供信贷、免费送货、质量保证、安装、售后服务等。

● 期望产品。是指购买者购买某种产品通常所希望和默认的一组产品属性和条件。一般情况下,顾客在购买某种产品时,往往会根据以往的消费经验和企业的营销宣传,对所欲购买的产品形成一种期望,如对于旅店的客人,期望的是干净的床、香皂、毛巾、热水、电话和相对安静的环境等。顾客所期望的是购买产品所应该得到的,也是企业在提供产品时应该考虑的。对于顾客来讲,期望产品是本应该得到的东西,得到这些期望产品是理所当然的事情,并不会因为得到而增加满意度,但是如果没有得到,就会非常不满意。因此,商家必须了解顾客对产品的期望,提供满足顾客需求的期望产品。

● 潜在产品。是指一个产品最终可能实现的全部附加部分和新增加的功能。许多企业通过对现有产品的附加与扩展,不断提供潜在产品,所给予顾客的就不仅仅是满意,还能使顾客在获得这些新功能的时候,感到喜悦。潜在产品指出了产品可能的演变,也使顾客对于产品的期望越来越高。潜在产品要求企业不断寻求满足顾客的新方法,不断将潜在产品变成现实的产品,这样才能使顾客得到更多的意外惊喜,更好地满足顾客的需要。

温馨提示:情景图任务的参考答案线索和思路都隐含在情景图和任务纸中,请根据问题用手机自查资料或案例,各团队按抽签顺序上台讲解、答辩和互动。

第二模块:产品市场营销训练之1

《商标与产品打造》
翻转课堂情景图任务 B

参见第49页翻转课堂情景图,根据实际情况选择任务,在团队讨论基础上,成员分工合作,在任务纸或大画纸上完成。

■ **产品打造的四个维度** 参见第49页情景图C,完成以下任务:

1. 结合企业和团队项目产品举例阐述:如何发现产品需求?

2. 结合企业和团队项目产品多角度阐述:自己产品的基本功能、心理功能、附加功能分别是什么?

3. 结合企业和团队项目产品举例阐述:如何保证产品质量?

4. 结合企业和团队项目产品多角度举例阐述:自己产品能带给顾客与用户的最大利益点是什么?为什么?

课程思政 团队讨论:
创业过程中如何体现"四个意识""四个自信""两个维护"?

■ 如何突显产品亮点？　参见第49页情景图D，完成以下任务并翻转课堂：

1. 结合企业和团队项目产品举例阐述：如何突出产品的细节差异？

2. 结合企业和团队项目产品举例阐述：如何用幽默的语言进行产品描述？

3. 结合企业和团队项目产品举例阐述：如何使用目标顾客日常用语营造亲切感？

4. 结合企业和团队项目产品举例阐述：如何使用贴近消费者生活的行业和专业术语？

5. 结合企业和团队项目产品举例阐述：如何全面了解目标顾客心理，用顾客对产品的正面评论来提高产品描述的说服力？

6. 结合企业和团队项目产品举例阐述：如何使用场景描述式言语来激发客户的想象？

7. 结合企业和团队项目产品多角度举例阐述：如何使用巧妙的讽刺和自嘲来突显产品亮点？

■ 产品销售在市场上的三种状态　参见第49页情景图E，完成以下任务并翻转课堂：

1. 结合企业和团队项目产品举例阐述：什么是价格？什么是价值？两者判定的角度有什么差别？

2. 结合企业和团队项目产品举例阐述：产品销售在市场上的三种状态是什么？是什么原因造成的？你们的产品在市场上目前是什么状态？

学习心得

根据任务的难度和完成的质量、数量、创新性、相关性、匹配程度等，给予具体评分：　90-99、80-89、70-79、60-69、50-59、40-49、30-39、0-29。未做任务者计0分。

"十四五"职业教育国家规划教材

以成果为导向的情景式可视化创新创业训练系统

创新创业课程资源库

● 案例 ● 教案 ● 音视频 ● PPT课件 ● 电子教材
● 策划方案 ● 课程思政资料和图片 ● 创业计划书

扫描二维码，学习二十大主要精神

模块二：
产品市场营销训练 之 2
市场容量与项目判断

模块二：产品市场营销训练之 2
市场容量与项目判断

可视化翻转课堂图

A 市场容量
指一定时间内在一定范围可以实现的终端商品交易总量。

A1 使用价值需求总量
任何商品都必须具有可供人使用的价值，使用价值是由具体劳动创造的，并且具有质的不可比较性。比如人们不能说橡胶和香蕉哪一个使用价值更多。使用价值是价值的物质基础，和价值一起，构成了商品二重性。

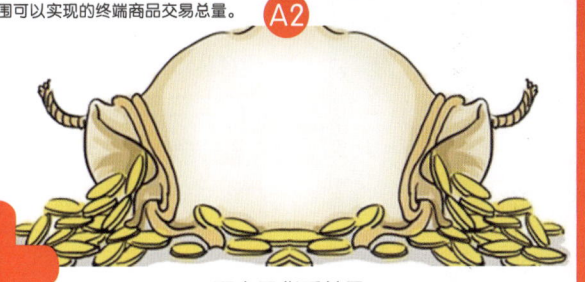

A2 可支配货币总量
仅有使用价值需求没有可支配货币的消费群体，是贫困的消费群体；仅有可支配货币没有使用价值需求的消费群体是持币待购群体。通常把这两种群体现象均称为因消费条件不足而不能实现的市场容量。

A3 有需求消费群体应具备的条件
- A3-1 **M**oney 钱
- A3-2 **A**uthority 决定权
- A3-3 **N**eed 需要/需求/欲望

B 从市场营销含义看市场容量

B1 发现 → B2 market 目标市场 → B3 目标消费者 满足 → 欲望/需求/需要 → B4 创造价值 实现盈利

在发现和满足目标市场和目标消费者需求的过程中，创造价值，实现盈利。

Where 目标市场在哪里？
Opportunity 机会点在哪里？
Money
Authority
Need

C 衣食住行与创业项目判断

C1 衣　C2 食　C3 住　C4 行

- a 特色茶饮
- b 室内除甲醛
- c 涂体墙纸
- d 月子会所
- e 户外运动
- f 特色旅游
- g 特色旅游
- h 整体定制家具
- i 互联网照片书
- j 电动窗帘
- k 儿童庆典用品
- L 特色伞店
- m 太阳能手电筒
- n 拼图商店
- o 高压喷雾器
- p Q版盆栽
- q 分手礼品
- r 服装修补
- S APP小程序
- t 方便袋
- u 自然肥
- v 农户住宅设计
- W 美发
- X 纺吧
- y 啤酒吧
- z 趣味拖鞋专卖

D 影响市场需求量（容量）的主要因素

D1 消费者规模

D2 消费者预期
对未来商品的价格以及对自己未来收入的预期。

D3 消费者偏好

D4 消费者收入水平
当消费者的收入提高时，会增加商品的需求量，反之亦然。劣等品除外。

D5 商品本身价格
一般而言，商品的价格与需求呈反方向变动，即价格越高，需求越少，可反推之。

D6 替代品的价格
替代品是指使用价值相近，可以互相替代来满足人们同一需要的商品，比如煤气和电力等。一般来说，相互替代商品之间某一种商品的价格提高，消费者就会把其需求转向可以替代的商品上，从而使替代品需求增加，被替代品需求减少，反之亦然。

D7 互补品的价格
互补品是指在使用价值上必须互相补充才能满足人们某种需要的商品，比如汽车和汽油、家用电器和电等。
在互补商品之间，其中一种商品的价格上升，需求量降低，会引起另一种商品的需求随之降低。

E 市场容量推算方法

- E1 "源"推算法
- E2 强相关数据推算法 
- E3 需求推算法 
- E4 抽样分析法 
- E5 典型推算法

市场容量

【问题聚焦】

市场容量即市场规模。市场容量主要是研究目标产品或行业的整体规模，可能包括目标产品或行业在指定时间内的产量、产值等，市场容量跟人口数量和人口年龄分布以及地区的贫富度有关。市场规模大小与竞争性可能直接决定了对新产品设计开发的投资规模。需求的市场预测直接决定了企业是不是要对该产品进行创新实验和投资，市场容量是消费需求测量的目标。

分析市场容量基本思路：（1）了解产品市场或行业的大小，通常用产量、产值或销售额来计算规模。（2）根据目标市场容量分析判断是否值得进入。（3）预测企业营收或利润的天花板或上限。（4）设定和分析主要竞争对手，评估产品和企业在市场上已经拥有或潜在的竞争力如何。

【市场容量主要研究方法】

● 结构分解法。结构分解法是指任何一个问题都可以分解为与此相关的小问题。首先我们可以进行分级；其次通过统计确定数据；再次，通过市场调研或者二手资料收集，可以分析消费额；最后，形成市场规模测算公式。

● 固定增长预测法。从定量的角度：通常根据行业过去几年的增长情况，预估未来的成长增速。从定性的角度：主要通过PEST模型从各个方面寻找未来影响行业的主要因素，以及最重要的因素对未来行业增速的影响，从而确认未来的成长空间。

● 自上而下分析法。先通过一些第三方市场分析和统计报告来确定一些整体数据，再从业务角度对市场进行层层细分。

● 自下而上分析法。先确定一定范围内的数据，然后去推测整体市场中的对应数据。

● 竞品或强相关产品推算法。根据竞争对手的产品使用量推算当前的市场规模，或根据关联性很强的产品去推算市场规模。比如：通过牙刷和牙膏的数据可以推算洗漱产品市场规模。

温馨提示　情景图任务的参考答案线索和思路都隐含在情景图和任务纸中，请根据问题用手机自查资料或案例，各团队按抽签顺序上台讲解、答辩和互动。

第二模块：产品市场营销训练之2

《市场容量与项目判断》
翻转课堂情景图任务 A

参见第55页翻转课堂情景图，根据实际情况选择任务，在团队讨论基础上，成员分工合作，在任务纸或大画纸上完成。

■ **市场容量**　参见第55页情景图A，完成以下任务并翻转课堂：

1. 结合企业和团队项目举例阐述：什么是市场容量？市场容量的两大支撑部分是什么？

2. 结合企业和团队项目举例阐述：有需求的消费群体应具备哪几个条件？需要、需求和欲望对市场容量的层次划分有什么关联性？

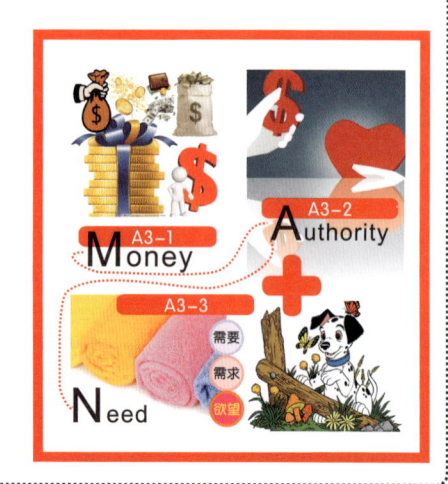

■ 从市场营销含义看市场容量　参见第55页情景图B，完成以下任务并翻转课堂：

1. 结合企业和团队项目举例阐述：什么是市场营销？市场营销和市场容量之间有什么关联性？

2. 结合企业和团队项目举例阐述：目标市场的"WOMAN"如何理解？目标消费者的"MAN"如何理解？为什么？

3. 结合企业和团队项目举例阐述：目标市场和目标消费者有什么关联性？为什么？

学习心得

根据任务的难度和完成的质量、数量、创新性、相关性、匹配程度等，给予具体评分： 90-99、80-89、70-79、60-69、50-59、40-49、30-39、0-29。未做任务者计0分。

存量市场与增量市场

【问题聚焦】

什么是存量市场？市场已经相对饱和，或已经看到了"天花板"。新的商家要进入存量市场或已经进入存量市场的商家要扩大自己的份额，就必须去争抢，一些市场竞争非常激烈的存量市场也可称之为"红海"。

什么是增量市场？刚被发现的市场、需求尚未被充分满足的市场、容量尚未探明的市场，这样的市场尚未达到激烈竞争程度，一些刚发现的增量市场也可称之为"蓝海"。

【创业可以选择和切入的市场建议】

● 可以选择体量巨大、效率不高的存量市场。存量市场的特征是针对某一需求，供大于求，绝大多数消费者的需求已经被满足。存量市场的优势在于市场会有很大替换性需求，升级更新的基数庞大。如果企业想赢得这部分消费群体，就需要优化自己的产品，形成差异化卖点，超越竞争对手，成为更好的选择，这是一个从有到优的业务。建议：（1）仔细审视一下互联网巨头的收入、流量构成，可能会有令人惊喜的发现。遇到一个行业巨头，你要做的不是挑战他而是如何弥补他。（2）对现有模式进行研究。对于体量巨大的存量市场创业，只要方向和方法正确，即使晚些进入也会有机会。

● 寻找和发现增量市场。增量市场的特征是针对某一需求，供小于求，绝大多数的消费者的需求尚未满足，对企业来说这一块的业务是从无到有，开拓新的还没有被满足需求的消费者是重中之重。增量市场需要创新。商业创新的核心是商业模式的创新，能真正率先做到商业模式创新的创业叫创新型创业。商业模式的创新包括产品创新、服务创新、新技术、新能源、新材料、新平台模式等，因为这些可能可以开启一个前所未有的市场，新的商业模式需要前瞻性地发现。建议：（1）要研究创新型创业需要具备哪些基本条件。（2）保持创新和经营优势，持续领先。比如：技术创新、产品创新、经营状况和规模等。

● 要明确产品是属于高频率消费市场还是低频率消费市场，类型不同，突破点也不同。主要区别在于：（1）高频率消费市场的特征是消费品的使用周期短，消费者需要频繁购买，每一次购买的成本较低，尝鲜的可能性更大。（2）低频率消费市场的特征是消费品的使用期较长，消费者不需要频繁购买，每一次购买的成本较高，尝鲜的可能性很小，对品牌的忠诚度较高。（3）高频率消费市场的突破点是触动消费者；低频率消费市场的突破点是说服消费者。

温馨提示：情景图任务的参考答案线索和思路都隐含在情景图和任务纸中，请根据问题用手机自查资料或案例，各团队按抽签顺序上台讲解、答辩和互动。

第二模块：产品市场营销训练之 2

《市场容量与项目判断》
翻转课堂情景图任务 B

参见第55页翻转课堂情景图，根据实际情况选择任务，在团队讨论基础上，成员分工合作，在任务纸或大画纸上完成。

衣食住行与创业项目判断

参见第55页情景图C，完成以下任务并翻转课堂：

1. 结合企业和团队项目多角度举例阐述：你现在选择的项目是否属于"衣""食""住""行"中的一类？用相关数据评估一下该项目前景。

2. 如果给你在 a–z 字母26个项目中选择一个项目？你会选择哪一个？用相关数据评估一下该项目前景。

课程思政

团队讨论：
创业如何带动就业？

■ **影响市场需求量（容量）的主要因素**　参见第55页情景图D，完成以下任务并翻转课堂：

1. 结合企业和团队项目举例阐述：影响市场需求量的主要因素有哪些？你认为最重要的因素是什么？为什么？

2. 结合企业和团队项目举例阐述：你们开发和生产的产品在市场上的替代品和互补品分别是什么？对市场容量有哪些影响？

■ **市场容量推算方法**　参见第55页情景图E，完成以下任务并翻转课堂：

● "源"推算法：将本行业的市场规模追溯到催生本行业的源行业，如房地产行业，建筑材料、家具、家电等产业都与之相关，掌握了房地产相关数据，可以推算出相关行业的市场规模。

● 强相关数据推算法：两个行业的产品销售有很强的关系，如每套房子都会配备沙发等家具、空调和冰箱等家电，买了球拍必然也要买相应的球。行业之间的产品销售有一定的固定比例，因此可以先测算强相关的两个行业的市场容量，再根据行业产品的平均价格换算成目标行业的市场规模。

● 需求推算法：从产品目标人群的需求出发，来测算目标市场的规模。本方法适用于目标人群或者需求较为明确，目标人群也比较容易获得的情况。比如淘宝商家的增值服务市场容量，目标人群即为淘宝商家，商家数量是容易获取的数据，只需再知道目标人群购买的比例和均价即可推算出市场规模。

● 抽样分析法：在总体中通过抽样法抽取一定的样本，再根据样本的情况推断总体的情况。抽样方法主要包括：随机抽样、分层抽样、整体抽样、系统抽样和滚雪球抽样等。例如：在全国抽取了1000户的样本，发现共有100户计划未来一年购买冰箱，每户一个，每个冰箱平均预算为2000元，全国共有5亿户，则冰箱的市场规模为1000亿元。

● 典型推算法：通过行业不同发展阶段的典型市场去反推市场容量。（1）散点市场阶段，市场集中度低，品牌林立，各个品牌的市场份额较低。（2）块状同质化市场阶段，前几名的市场集中度迅速上升，呈寡头垄断结构。（3）团状异质化市场阶段，一旦"黑马"出现，领先企业的市场份额就会有所下降。

1. 在以上5种市场容量推算方法中选出一种，结合企业和团队项目推算出该项目或产品的市场容量。

2. 企业和团队项目根据以上推算出该项目或产品的市场容量，判断该项目成功的可能性，以及存在哪些市场运作风险？

学习心得

根据任务的难度和完成的质量、数量、创新性、相关性、匹配程度等，给予具体评分：　90-99、80-89、70-79、60-69、50-59、40-49、30-39、0-29。未做任务者计0分。

"十四五"职业教育国家规划教材

以成果为导向的情景式可视化创新创业训练系统

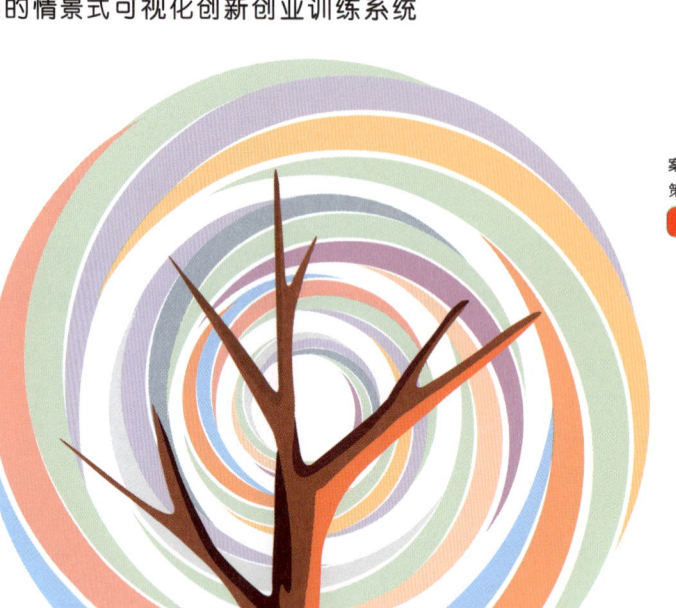

创新创业课程资源库

● 案例 ● 教案 ● 音视频 ● PPT课件 ● 电子教材
● 策划方案 ● 课程思政资料和图片 ● 创业计划书

扫描二维码，学习二十大主要精神

模块二：
产品市场营销训练 之 3
产品定价与利润

模块二：产品市场营销训练之 3
产品定价与利润

可视化翻转课堂图

A 影响产品定价的3C要素
● 生产成本 ● 管理成本 ● 营销成本 ● 购买成本

A1 顾客导向定价法 
以顾客感受为中心，来制定顾客愿意支付的最高价格。
Customer 顾客

A2 成本导向定价法
以成本为中心，以控制价格为手段，制定出能抵消产出服务时花费的所有成本的最低价格。根据控制的侧重点不同可分为
Cost 成本

A3 竞争导向定价法
根据企业想达到的市场地位，以竞争对手综合实力为参照，以竞争对手产品价格为定价的主要依据。
Competition 竞争

B 企业产品定价策略

B1 低价策略 
（1）定价格高于成本，靠批量规模盈利。
（2）定价等于或低于成本，在短时间内打压竞争对手或吸引目标客户。

B2 捆绑定价策略 
刺激客户购买套餐产品，同时保证最低利润。

B3 心理定价策略 
- 尾数定价法 感觉便宜 1.99元 数字吉利、体现精确性
- 整数定价法 引购多买、彰显尊贵

B4 折扣定价策略 
数量折扣、现金折扣、季节性折扣

B5 高价策略（撇脂定价） 
适合有创新的全新产品、受专利保护的产品、需求价格弹性小的产品、奢侈品、未来市场难以测定的产品等。

B6 渗透定价策略 
是在产品进入市场初期将其价格定在较低水平，尽可能吸引最多的消费者的营销策略，价格的高低与产品周期相关。渗透价格并不意味着绝对的便宜，而是相对于价值来讲比较低。

B7 歧视定价策略 
价格歧视实质上是一种价格差异，就同一种商品或者服务，对若干买主实行不同的售价。价格歧视通常是垄断企业通过差别价格来获取超额利润的一种定价策略。

B8 反向定价策略 
反向定价法是指企业依据消费者能够接受的最终销售价格计算出经营成本和利润后，逆向推算出产品批发价和零售价。
采用反向定价法的关键在于如何正确测定市场可销售价格水平。测定的标准主要有：
（1）产品供求情况及变动趋势
（2）产品需求量和需求弹性
（3）消费者接受的价格水平
（4）与同类产品的比价关系

B9 刺激性定价策略 
团购式定价、拍卖式定价、抢购式定价、与产品未来利润增长挂钩的持续回报式定价、会员积分式定价等都属于刺激性定价策略。

C 企业产品定价要与不同阶段的市场策略相匹配

C1 初始期 
企业产品定价要能配合市场策略，从而将产品迅速切入市场。

C2 成长期 
遏制竞争对手，提高行业进入门槛。

C3 成熟期 
保持市场占有率，稳健发展。

C4 转折期 
树立品牌形象，扩大影响力。

D 业务类型与市场份额

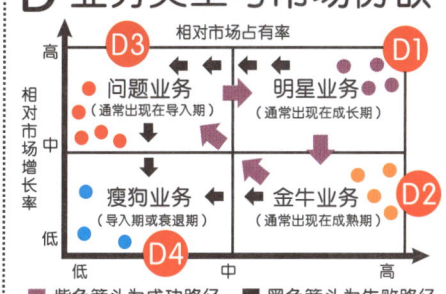

相对市场占有率

	高	中	低
相对市场增长率 高	D3 问题业务（通常出现在导入期）		D1 明星业务（通常出现在成长期）
中			
低	D4 瘦狗业务（导入或衰退期）		D2 金牛业务（通常出现在成熟期）

■ 紫色箭头为成功路径　■ 黑色箭头为失败路径
区域内圆点具体位置可参照纵坐标和横坐标进行设定。

E 业务类型与利润

E1 核心业务

E2 成长业务

E3 未来业务

E4 利润

E5 时间 分析预测

F 与业务产品经营关联的几个要素

F1 产品利润率

F2 资金周转率

F3 翻单结算

F4 销售回款账期 NOVEMBER 25 / Dec 25

F5 铺底货（信用额度）

产品定价

【问题聚焦】

当企业完成产品开发，在确定产品名称、包装、规格等之后，如何给产品定一个合适的价格，成为企业一项非常重要的工作。产品定价不仅关系到企业销量与利润，同时也关系到产品能否在市场上生存和发展的问题。从一定程度上讲，产品的定价影响到很多方面：（1）在客群选择方面，定价就是在选择不同的客户群体。（2）在顾客价值方面，定价影响到顾客的价值大小。（3）在生产厂家和商家方面，定价决定了企业经营的收入和利润。（4）在企业运营管理方面，定价决定了企业的资源配置与价值。

【企业常用的几种产品定价方法】

● 成本定价法。是将某种商品生产及销售过程发生的所有成本考虑进去后，再加上预期利润，然后产生售价。一般来说企业的产品成本有原物料采购、研发、人事、管理、设备、厂房、仓储、运输、耗损、水电、市场推广、品牌建设、促销、贷款利息.等。厂家、代理商、经销商、终端门店等商家成本结构各有不同。

● 利润定价法。指企业根据预期的总销量及总成本，设定一个目标利润率的定价方法。当总成本变动不大的情况下，有些商家却会逐年调高毛利率目标，或在物价波动时为维持毛利率的不变而调整价格，这些都是从"利润"的角度来思考定价。

● 价值定价法。价值定价法有两种定价策略：第一种是对高质量的产品定相对较低的价格，从而让消费者觉得物超所值。第二种是通过营造"心理溢价"的方式定价，但不会牺牲利润去打价格战，从而让消费者认为产品价值大于产品价格。

● 生命周期定价法。产品都会经历不同的阶段，就像人类的生命周期一样，产品在不同的生命周期里，其相关成本、竞争者的动作、消费者对价格的敏感度是不断在变化的，因此生命周期定价法的策略是要因时制宜，在导入期、成长期、成熟期、衰退期要弹性采取不同的定价策略。比如：商家在产品导入期惯用的定价策略有两种，一种叫作"撇脂定价法"，又称高价法，就是在新产品刚推出而竞争对手商尚无类似产品时，将商品的价格定得较高，尽可能回收投资并取得较高利润，然后随着时间推移慢慢调降价格至符合后来的市场水平。另一种定价策略叫作渗透定价法，就是在产品上市初期，以低价来吸引顾客购买，以达到占领市场的目的。

● 反向定价法。又称价格倒推法，是指企业通过价格预测和试销，评估找出目标消费者可以接受的零售价格，然后再倒推出批发价格、出厂价格各应是多少的方法。这种定价策略是以市场需求来定价，在分销渠道中的批发商及零售商大多采用这种定价方式。

温馨提示：情景图任务的参考答案线索和思路都隐含在情景图和任务纸中，请根据问题用手机自查资料或案例，各团队按抽签顺序上台讲解、答辩和互动。

第二模块：产品市场营销训练之 3

《产品定价与利润》翻转课堂情景图任务 A

参见第61页翻转课堂情景图，根据实际情况选择任务，在团队讨论基础上，成员分工合作，在任务纸或大画纸上完成。

■ **影响产品定价的3C要素** 参见第61页情景图A，完成以下任务：

1. 结合企业和团队项目举例阐述：以顾客为导向的定价法要考虑哪些因素？请一一列举出来。

2. 结合企业和团队项目举例阐述：以成本为导向的定价法要考虑哪些因素？请一一列举出来。

3. 结合企业和团队项目举例阐述：以竞争为导向的定价法要考虑哪些因素？请一一列举出来。

课程思政
团队讨论：
　　大学生创业的决心与恒心。

■ **企业产品定价策略** 参见第61页情景图B，完成以下任务并翻转课堂：

B1 低价策略
（1）定价略高于成本，靠批量规模盈利。
（2）定价等于或低于成本，在短时间内打压竞争对手或吸引目标客户。

B2 捆绑定价策略
刺激客户购买套餐产品，同时保证最低利润。

B3 心理定价策略
- 尾数定价法 感觉便宜 数字吉利、体现精确
- 整数定价法 引导多买、彰显尊贵

B4 折扣定价策略
数量折扣、现金折扣、季节性折扣

B5 高价策略（撇脂定价） 
适合有创新的全新产品、受专利保护的产品、需求价格弹性小的产品、奢侈品、未来市场难以测定的产品等。

B6 渗透定价策略
是在产品进入市场初期将其价格定在较低水平，尽可能吸引最多的消费者的营销策略，价格的高低与产品周期相关。渗透价格并不意味着绝对的便宜，而是相对于价值来讲比较低。

B7 歧视定价策略
价格歧视实质上是一种价格差异，就同一种商品或者服务，对若干买主实行不同的售价。价格歧视通常是垄断企业通过差别价格来获取超额利润的一种定价策略。

B8 反向定价策略
反向定价法是指企业依据消费者能够接受的最终销售价格计算出经营成本和利润后，逆向推算出产品批发价和零售价。采用反向定价法的关键在于如何正确测定市场可销售价格水平。测定的标准主要有：
（1）产品供求情况及变动趋势
（2）产品需求量和需求弹性
（3）消费者接受的价格水平
（4）与同类产品的比价关系

B9 刺激性定价策略
团购式定价、拍卖式定价、抢购式定价、与产品未来利润增长挂钩的持续回报式定价、会员积分式定价等都属于刺激性定价策略。

1. 结合企业和团队项目举例阐述：最适合你们项目和产品的定价策略有哪些？为什么？

2. 结合企业和团队项目举例阐述：在心理定价策略的几种方法中，哪种最适合你们的项目和产品？为什么？

■ **企业产品定价要与不同阶段的市场策略相匹配** 参见第61页情景图C，完成以下任务并翻转课堂：

1. 结合企业和团队项目多角度举例阐述：你们的项目和产品目前处于市场的哪个阶段？拟定了哪些市场策略？

2. 结合企业和团队项目多角度举例阐述：最能与你们的项目和产品的市场策略匹配的定价策略是什么？为什么？

学习心得

根据任务的难度和完成的质量、数量、创新性、相关性、匹配程度等，给予具体评分： 90-99、80-89、70-79、60-69、50-59、40-49、30-39、0-29。未做江等计0分。

毛利率与利润率

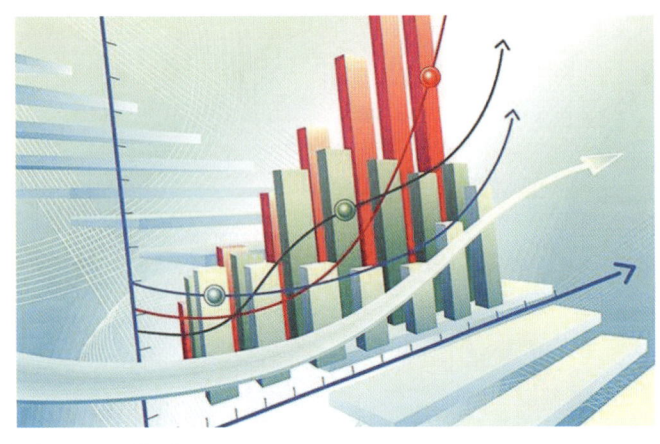

【问题聚焦】

毛利率与利润率计算的方式不同：毛利率=（营业收入–营业成本）/营业收入；利润率=（营业收入–营业成本–销售费用–管理费用–财务费用）/营业收入。

毛利率与利润率测算的目标不同：毛利率测算产品获得利润的能力；利润率是测算产品经营获利的能力。产品毛利率如果高表明这个产品市场附加值高或技术门槛高；产品利润率高表明产品的销售额度能够提供的利润多，企业的盈利能力强。

> 企业和门店若采取薄利多销的策略，其毛利率通常较低。但企业和门店通常要达到50%以上的毛利率才能持续经营，20%以下毛利率企业生存率是很低的。但是有一家企业要求在店内销售的所有商品毛利率不能超过14%（实际平均毛利率低于10%），从1976年经营至今不仅没有倒闭，而且发展成美国乃至全球最大的连锁会员制仓储量贩店，这家企业就是Costco，中文名叫开市客。

【Costco开市客的经营之道】

● 价廉物美。开市客之所以那么便宜是因为Costco有两条硬性规定：一是商品的毛利率不能超过14%，一旦高于这个数字，就要上报CEO批准。二是一旦在别的超市发现同一商品比Costco的价位更低，这件商品将被"拉入黑名单"，不会再出现在Costco的货架上。就是这两条规定，让Costco的毛利率平均控制在7%左右。另外Costco整体库存量单位只有4000个左右，Costco的货架上同一类商品只存在两三个品牌，而这两三个品牌是经过了Costco精挑细选的，品质一定有保证。

● 服务一流。在Costco不管是买了什么，过夜的香蕉、吃了一半的排骨、甚至还有穿过的内裤，没有七天无理由退换，只要顾客不满意，随时都可以退换。

● 会员制。一张Costco普通白金会员卡在美国的年费是60美元，高级黑卡年费是120美元，中国上海Costco开市客金星会员主卡为每年299元人民币，会员可携带家属和亲友一起购物。2021年Costco全球有828家店，会员1.1亿，每年会员续存率达90%以上。Costco每年仅收会员费就有几百亿人民币。（资料来源：https://baijiahao.baidu.com/s?id=16893721432607704 66）

温馨提示：情景图任务的参考答案线索和思路都隐含在情景图和任务纸中，请根据问题用手机自查资料或案例，各团队按抽签顺序上台讲解、答辩和互动。

第二模块：产品市场营销训练之3

《产品定价与利润》
翻转课堂情景图任务 B

> 参见第61页翻转课堂情景图，根据实际情况选择任务，在团队讨论基础上，成员分工合作，在任务纸或大画纸上完成。

■ **业务类型与市场份额** 参见第61页情景图D，完成以下任务：

1. 根据以下坐标，在四个象限中选择适合的方框分别填入明星业务、金牛业务、问题业务和瘦狗业务，并注明出现的时期。

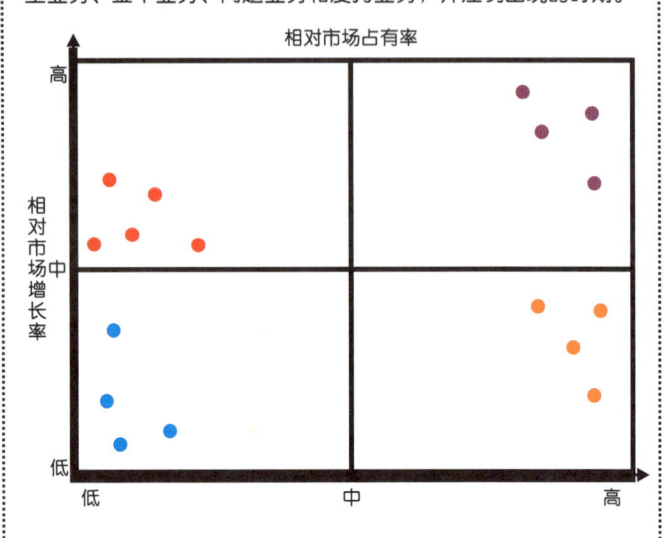

（坐标图：纵轴为相对市场增长率，横轴为相对市场占有率）

2. 举例阐述：在你知道的一些品牌中，明星业务、金牛业务、问题业务、瘦狗业务分别有哪些？

3. 问题业务、瘦狗业务、明星业务和金牛业务是可以相互转换的，请分别标出成功的转换路径和失败的转换路径。

成功路径	
失败路径	

4. 结合企业和团队项目举例阐述：你们目前的项目和产品是属于问题业务、瘦狗业务、明星业务还是金牛业务，为什么？

业务类型与利润　参见第61页情景图E，完成以下任务并翻转课堂：

核心业务　　　　　成长业务　　　　　未来业务

1. 请从利润和时间两个角度阐述：你们企业和团队的核心业务是什么？

2. 请从利润和时间两个角度阐述：你们企业和团队的成长业务是什么？

3. 请从利润和时间两个角度阐述：你们企业和团队的未来业务是什么？

与业务产品经营关联的几个要素　参见第61页情景图F，完成以下任务并翻转课堂：

1. 结合企业和团队项目举例阐述：产品利润率和资金周转率你更看重哪个？为什么？

2. 结合企业和团队项目举例阐述：翻单结算、账期和铺底货（信用额度）对企业和团队销售产品过程中提高资金利用率有哪些帮助？

学习心得

根据任务的难度和完成的质量、数量、创新性、相关性、匹配程度等，给予具体评分：90-99、80-89、70-79、60-69、50-59、40-49、30-39、0-29。未做任务者计0分。

65

"十四五"职业教育国家规划教材

以成果为导向的情景式可视化创新创业训练系统

创新创业课程资源库
案例 ● 教案 ● 音视频 ● PPT课件 ● 电子教材
策划方案 ● 课程思政资料和图片 ● 创业计划书
扫描二维码,学习二十大主要精神

模块二:
产品市场营销训练 之 4
品类与品牌战略

模块二：产品市场营销训练之 4
品类与品牌战略

可视化翻转课堂图

A 关于品类

A1 品类是顾客在购买决策中所涉及的商品分类，由该分类可以关联到品牌，并且在该分类上可以完成相应的购买选择。

如渠道类型联系起来，就能关联到品牌，如电器店关联到苏宁、水果店关联到百果园等品牌。

具体品类 比如提到空调，顾客能够想到格力，提到矿泉水，顾客能够想到农夫山泉，因此空调、矿泉水都是品类。

抽象品类 顾客在购买决策中会涉及，但不能在该分类上完成购买选择，该分类通常不直接关联品牌，此分类概念就是抽象品类，如电器、水果。

伪品类 顾客在购买决策中不会涉及，但它是业内人士或行业研究者才使用它们，如"白电""厨电"。

A2 品类是顾客所理解的、对满足其需求的商品的分类。

品类只有明确的品类归属，才能有效对接和满足顾客需求。

A3 品类与顾客需求高度相连，而需求又与顾客利益高度相连。品类也指目标顾客购买某种商品的单个利益点（SBP）。每个利益点都由物质利益（功能利益）和情感利益双面构成。

B 区分不同的细分品类

品类可以细分，也可以创造新的品类。需求一样或基本一样的品类属于同一个品类。

B1 创新的品类要满足其他品类没有满足或满足不了的完全不同的需求。

B2 品类与品牌的关系是动态的而不是静态的，消费者通常用品类来思考，用品牌来选择。

C 产品、商品、SBP、SPU、SKU与SKC

共同点： 都是为了解决问题，满足某种需求。

在现代市场经济社会，一般生产出来的物品都是用来交换的，在这个意义上说产品和商品是重合的，但我们通常将积压在仓库没有卖出去的物品叫产品，交换成功的产品叫商品。

区别： 1、看有没有发生交易，有没有形成交易场所（市场）。 2、产品是有形的，商品分为有形的物品和无形的服务。

C1 产品 生产出来的物品，可以自用也可以用来交换。

C2 商品 用于交换的产品。

C3 SBP 商品单个利益点

C4 SPU Stand Product Unit 标准化产品单元 如某品牌某个型号的手机就是一个SPU，与颜色、款式、套餐无关。

C5 SKU 库存量单元 Stock Keeping Unit SKU是用来定价和管理库存的，如某品牌某个型号的手机每个颜色和配置的组合都会形成新的产品，每形成一个新的产品就是一个SKU。

C6 SKC 单款、单色 SKC早期用于服装进销存管理，由于不适应精细管理需求，逐渐被SKU取代。

最小主要单元SKU Smallest Key Unit **最小包装单元SPU** Smallest Packing Unit 比如一个灯泡，SKU就是一个带纸盒的灯泡，而SPU可能就是10个SKU组成的，即出厂的最小包装是10个一组。

关于电商的商品 淘宝叫Item 京东叫Product 电商的商品有特指与商家有关的商品，每件商品只有一个商家的编码，每件商品下面有多个颜色、款式，可以有多个SKU。

D 产品分类举例

D1 皮肤护理类
- 大分类 皮肤护理
- 中分类 面部护理
- 小分类：面部清洁（洁面泥、洁面泡、洁面霜、洁面皂、卸妆油、卸妆乳）子分类
- 面部防晒（SPF 15、SPF 20、SPF 25、SPF 30）子分类
- 面部润肤（美白、控油、祛痘、保湿、防衰老）子分类
- 其他 有机 草本

D2 彩妆类
- 大分类：彩妆
- 中分类：面部彩妆 小分类（面部定妆类、唇部妆容类、面部润饰类、眼部妆容类、眉部妆容类、面部妆容类）
- 身体彩妆 小分类（指甲妆容类、身体润饰类、身体彩绘类）

E 关于品类管理

以顾客为中心，把所经营的商品分为不同的类别，并把每一类商品作为企业经营战略的基本活动单位进行管理的一系列相关活动。

E1 品类定义 根据产品结构来划分品类。

E2 品类角色 通过跨品类对比，综合消费者、市场和零售商信息，为品类制订一个角色。

E3 品类评估 对品类、次品类等品类进行分析，了解其业绩状况。

E4 品类业绩指标 建立业绩目标和业绩评估标准。

E5 品类策略 制订市场策划、供应、服务的策略。

E6 品类战术 进行产品款式选择、定价、陈列和促销等优化管理。

E7 品类计划实施 通过具体的时间表和清单来执行。

F 品牌战略与品类

F1 伞型品牌战略 采用伞型品牌战略的企业用一把品牌大伞覆盖各种品类的产品。伞型品牌战略多见于日韩企业。

F2 灌木品牌战略 采用灌木战略的企业通常在既有品牌并未主导其所代表品类的情况下，同时推出多个品牌。灌木战略多见于中国中小企业。

F3 大树品牌战略 采用大树战略的企业通过创新品类长期聚焦发展一个品牌，并逐渐主导该品类，然后根据分化趋势，适时推出第二品牌进入新的品类。大树品牌战略多见于国际大品牌。

F4 品牌要能顶天立地
- 天：身份符号、信任、归属感、偏好、丰富的想象力、精神境界
- 天和地的距离就是品牌溢价
- 地：品类、产品、物质基础

G 以消费者为中心的品牌运营5C模式

G1 Consumer
- 明确不同营销任务的对象和角色
- 明确品牌营销的核心对象和关键任务

G2 CRM 客户关系管理
- 用户（包括潜在用户）的长期经营，提升贡献率。
- 基于品类特征和品牌现状，确定CRM的核心对象和任务目标。

G3 Channel 渠道
- 基于用户行为、产品品类和渠道变化趋势，进行销售渠道布局和拓展。

G4 Campaign
- 包含创意、标志策略和竞争策略的广告
- 促进目标消费者互动，提升品牌认知和培养品牌偏好。
- 为品牌运营不断获取新的潜在用户，升级用户体验，注重品牌保鲜。

G5 Content 内容
- 通过内容，向消费者传递有价值的品牌信息。
- 影响消费者认知和决策行为，并带来高价值的潜在用户流量。

67

商品分类

【问题聚焦】

品类，即商品分类。关于品类，有不同的理解和定义。按照国际知名的AC尼尔森调查公司的定义，品类即"确定什么产品组成小组和类别，与消费者的感知有关，应基于对消费者需求驱动和购买行为的理解"。

所以，品类与目标消费者有关，商品的属性一定要和消费者的需求关联在一起，才能影响消费者，进而产生购买和使用的行动。

【相关商品大类介绍】

● 食品类商品。包括粮食、淀粉、干豆类及豆制品、油脂、肉禽及其制品、蛋、水产品、菜、调味品、糖、茶及饮料、干鲜瓜果、糕点饼干、液体乳及乳制品、在外用膳食品及其他食品。

● 服饰类商品。包括服装、鞋、帽、袜子、手套、围巾、领带、配饰、包、伞等。

● 水产类商品。包括海洋、江河、湖泊里出产的动物或藻类等，通常指有经济价值的产物，如各种鱼、虾、蟹、贝类、海带等。

● 五金类商品。主要指金、银、铜、铁、锡五种金属，经人工加工可以制成刀、剑等艺术品或金属器件。如五金工具、五金零部件、日用五金、建筑五金以及安防用品等。

● 化工类商品。包括石油化工、基础化工以及化学化纤三大类。其中基础化工分为化肥有机品、无机品、氯碱、精细与专用化学品、农药、日用化学品、塑料制品以及橡胶制品等。

● 家电类商品：（1）空调器具；（2）制冷器具（如电冰箱、冷饮机等）；（3）清洁器具（如洗衣机等）；（4）熨烫器具（如电熨斗等）；（5）取暖器具（如取暖器等）；（6）保健器具（如电动按摩器等）；（6）整容器具（如电推剪、电动剃须刀 等）；（7）照明器具（如各种室内照明灯具等）；（8）家用电子器具，主要包括：音响产品、视频产品、计时产品（如电子表等）、计算产品（如计算器等）、娱乐产品（如电子游戏机等）；（9）家用通信产品（如手机等）；（10）厨房器具（如电饭锅、微波炉 等）。

温馨提示：情景图任务的参考答案线索和思路都隐含在情景图和任务纸中，请根据问题用手机自查资料或案例，各团队按抽签顺序上台讲解、答辩和互动。

第二模块：产品市场营销训练之 4

《品类与品牌战略》
翻转课堂情景图任务 A

参见第67页翻转课堂情景图，根据实际情况选择任务，在团队讨论基础上，成员分工合作，在任务纸或大画纸上完成。

■ **关于品类** 参见第67页情景图A，完成以下任务并翻转课堂：
1. 关于品类有几个定义？请分别举例阐述。
2. 你认为与你的企业和团队项目产品最适合的品类定义是哪一个？为什么？
3. 举例阐述：具体品类、抽象品类和伪品类有什么区别？

■ **区分不同的细分品类** 参见第67页情景图B，完成以下任务：
1. 举例阐述：品类细分后，如何判断是相同的品类还是不同的品类？
2. 举例阐述：如何理解顾客在购物时"用品类来思考，用品牌来选择"？

课程思政

团队讨论：
创业中的诚信经营。

产品、商品、SBP、SPU、SKU与SKC　　参见第67页情景图C，完成以下任务并翻转课堂：

1. 结合企业和团队项目举例阐述：产品和商品有什么区别？

2. 举例阐述：如何理解"单品就是品牌、型号、配置、等级、产地、容量、单位、用途、价格等属性不同的商品"？

3. 举例阐述：什么是SBP、SPU、SKU、SKC？

4. 举例阐述：电商是如何称呼商品的？

学习心得

根据任务的难度和完成的质量、数量、创新性、相关性、匹配程度等，给予具体评分：　90-99、80-89、70-79、60-69、50-59、40-49、30-39、0-29。未做任务者计0分。

品牌战略

【问题聚焦】

战略的本质是塑造出企业的核心竞争优势，从而确保企业的长远发展。品牌战略就是企业将品牌作为核心竞争力，以获取差别利润与价值的企业经营战略。品牌战略是市场经济中竞争的产物，在科技高度发达、信息快速传播的今天，产品、技术及管理诀窍等容易被对手模仿，难以成为核心专长。品牌一旦树立，不但有品牌溢价且难以模仿，因为品牌是一种消费者认知，是一种心理感觉，这种认知和感觉不能被轻易模仿。

【企业不同阶段的品牌战略管理重点】

● 企业创建初期的品牌战略管理。企业在创业期创立品牌，除了要尽快打响品牌的知名度以外，关键的问题是要确立品牌的核心价值，给顾客提供一个独特的购买理由，并力争通过有效的传播与沟通让顾客知晓。企业创业期，产品的可替代性通常比较高，即竞争产品之间的差异性不大，理性的利益驱动不足以改变顾客的购买行为。如果企业选择建立自己的品牌，就要在企业创建初期就树立极强的品牌意识，对品牌进行全面的规划，在企业的经营、管理、销售、服务、维护等多方面都以创立品牌为目标，在用常规战术性的方法（如标志设计和传播、媒体广告、促销等）的同时，侧重品牌的长远发展。

● 企业在步入成长期时的品牌战略管理。当企业步入成长期时，提高品牌的认知度、强化顾客对品牌核心价值和品牌个性的理解是品牌战略的重点。品牌知名度只是反映了顾客对品牌的知晓程度，但并不代表顾客对品牌的理解。顾客通过看、听和对产品感觉和思维来认识品牌。建立品牌认知，不仅仅是让顾客熟悉企业品牌名称、品牌术语、标记、符号或设计，更要进一步使顾客理解企业品牌的特性。

● 企业在成熟期时品牌战略的管理。品牌忠诚度是顾客对品牌感情的量度，反映出一个顾客转向另一个品牌的可能程度，是企业重要的竞争优势。它为品牌产品提供了稳定的不易转移的顾客，从而保证了该品牌的基本市场占有率。因此，培育品牌忠诚度对企业来说至关重要，在企业成熟期可运用顾客对该品牌的忠诚来影响顾客的行为。顾客的品牌忠诚一旦形成就会较难受到竞争产品的影响，品牌忠诚是品牌资产中重要的组成部分。

温馨提示：情景图任务的参考答案线索和思路都隐含在情景图和任务纸中，请根据问题用手机自查资料或案例，各团队按抽签顺序上台讲解、答辩和互动。

第二模块：产品市场营销训练之 4

《品类与品牌战略》
翻转课堂情景图任务 B

参见第67页翻转课堂情景图，根据实际情况选择任务，在团队讨论基础上，成员分工合作，在任务纸或大画纸上完成。

■ **产品分类举例** 参见第67页情景图D，完成以下任务：
1. 以皮肤护理为例给产品分类，并画出层次图。
2. 以彩妆为例给产品分类，并画出层次图。

■ **关于品类管理** 参见第67页情景图E，完成以下任务：
1. 举例阐述：什么是品类管理？
2. 举例阐述：品类管理由哪些部分构成？你认为最重要的部分是哪个？

课程思政
团队讨论：
企业品牌战略与国家发展的关系。

■ **品牌战略与品类** 参见第67页情景图F，完成以下任务并翻转课堂：

1. 举例阐述：伞型品牌战略和品类有什么关联？

2. 举例阐述：灌木品牌战略和品类有什么关联？

3. 举例阐述：大树品牌战略和品类有什么关联？

4. 举例阐述：品牌的"天"与"地"和品类、品牌溢价有什么关联？

■ **以消费者为中心的品牌运营5C模式** 参见第67页情景图G，完成以下任务并翻转课堂：

1. 举例阐述：什么是品牌运营5C模式？

2. 举例阐述：以消费者为中心，品牌运营5C模式如何与品类管理嫁接？

学习心得

根据任务的难度和完成的质量、数量、创新性、相关性、匹配程度等，给予具体评分： 90-99、80-89、70-79、60-69、50-59、40-49、30-39、0-29。未做任务者计0分。

"十四五"职业教育国家规划教材

以成果为导向的情景式可视化创新创业训练系统

创新创业课程资源库

案例 ● 教案 ● 音视频 ● PPT课件 ● 电子教材
策划方案 ● 课程思政资料和图片 ● 创业计划书

扫描二维码，学习二十大主要精神

模块二：
产品市场营销训练 之 5
产品复购与重复使用

模块二：产品市场营销训练之 5

产品复购与重复使用

可视化翻转课堂图

A 关于重复购买

A1 重复购买 repeated purchase
重复购买是指消费者连续购买同一种品牌的商品或连续使用同一种服务。

消费者对某一特定商品的态度和购买动机决定是否重复购买，同时重复购买反过来强化消费者对该商品的消费倾向。

方式一 A2
无区分的重复购买，即连续购买同一商品，其模式为 AAAAAA。

方式二 A3 
有区分的重复购买，即间断地重复购买两种商品，其模式为 ABABAB。

字母 A 代表的是对某一特定商品的购买，以此类推。

方式三 A4
不稳定的重复购买，即在一段时间内购买一种商品，在另一时期则购买另一种商品，其模式为 AAABBB。

方式四 A5
无重复的购买，即随意购买不同商标的商品。模式为 ABCDEF。

该购买模式受到人的个性、社会经济条件、人口特征、商品特征和市场条件等因素的影响。

B 重复购买率与TMD

B1（客服系统）
重复购买率指消费者对品牌产品或者服务重复购买次数的比率。重复购买率越高，消费者对品牌的忠诚度就越高，反之则越低。

计算方法举例
计算方法A：在所有购买过产品的顾客中，以有重复购买产品的顾客数量计算重购买率，比如，有10位顾客购买了产品，5位顾客产生了重复购买，则重复购买率为50%。

计算方法B：按交易计算，即重复购买交易次数与总交易次数的比值，如某月内，一共产生了100笔交易，其中有20个人有了二次购买，这20人中的10个人又有了三次购买，则重复购买次数为30次，重复购买率为30%。

B2 Technology 技术 
引流 → 拉新 → 促活
转介绍 ← 复购 ← 转化

B3 Moment 场景
线上线下人、货、场重组 

B4 Data 数据
大数据分析

新零售

C 顾客心智系统与重复购买

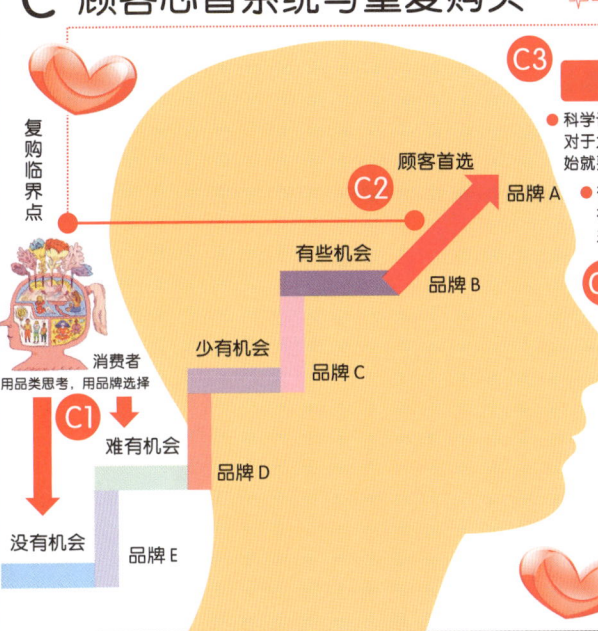

复购临界点

消费者 用品类思考，用品牌选择

C1 没有机会 — 难有机会 — 少有机会 — 有些机会 — **C2** 顾客首选
品牌E — 品牌D — 品牌C — 品牌B — 品牌A

C3 好的产品、可延伸的产品线
- 科学设计主销产品，是重复购买率的重要保障。对于大部分企业，用什么产品主打市场，一开始就要想个明白白。
- 有些产品本身的重复购买性就不强，比如衬衣、家电等就要通过产品线的延伸设计来保障企业后续盈利。

C4 极致的消费体验
我们在销售中发现，消费者很看重购物体验，有时甚至超过对产品的质量感受。特别是功能效果不易描述清楚的产品，比如保健器具、护肤品更为明显。

C5 卓越的会员服务
通过会员管理系统科学分析顾客复购数据，通过数据找到管理的要点并投入精力服务好优质顾客，这是提高复购率的关键。

D 用户思维与重复使用

D1 想要
产生购买欲和使用欲

D2 好玩
从尝试到喜爱

D4 放心
放心不断重复使用

D3 好用
从尝试到喜爱

E 从用户角色转换看重复购买和重复使用

1、购买前，用户是受众人群

E1 接触 
接触产品及信息（含广告）3次以上的受众，购买或重复购买意识会增强。

2、购买中，用户是顾客

E2 送人 / 购买 / 自用 包装的体验感
将产品包装、文案、货架等变成一个媒体，在满足同一需求前提下，顾客会更多选择有辨识感、熟悉感和亲切感的产品。

3、使用产品时，用户是体验者

E3 体验
产品（含服务）使用的体验是影响用户复购的重要阶段，产品体验感好，用户重新购买的机会就会更大。

4、使用产品后，用户是传播者

E4 传播
无论是广告包装还是广告效果，更从别人乐意传播和节省传播成本的角度去考虑，这样用户才能成为产品的传播者，不断提升复购率。

产品复购

【问题聚焦】

复购就是指消费者对于某个产品或者某项服务重复消费，消费者重复购买消费的次数越多，在一定程度上说明产品的质量或者服务越好。消费者重复购买消费，也能表现出消费者对该产品和品牌的忠诚度。

产品复购对新产品尤其重要，只有不断有人去买、去使用，这个产品才有继续生产、继续销售的条件，因而消费者复购也与产品的生命周期息息相关。在产品上市过程中，在考虑销售方式、销售途径、生产效率等问题时，也要将提高复购率作为考虑的一个方面。

【提高产品复购率的方法探讨】

● 打造成一款有品质、有个性、与众不同的产品。该产品能满足目标用户需求，效果好、价格适中，最好能寄托着某种情感，或者是在消费者心里占据着一个比较特殊的位置。在产品市场推广时切忌夸大宣传，承诺消费者的一定要兑现，这是让消费者重复购买的核心要素之一。

● 增加产品附加值。把产品附加上文化特质和独特的含义能够提高复购率，进而培养出忠实的目标消费者。增加产品附加值常用的方法有产品附赠组合，例如：家装行业在为客户提供装修服务，赠送适合装修风格的家具或厨房电器等。

● 提高售后服务质量。售后跟进的服务质量很大程度上影响消费者对产品的认可程度，也直接影响消费者复购的意愿。售后服务主要有：（1）指导如何使用产品，或者是提供方法让产品或者服务最大化。（2）在使用产品过程中，让消费者能持续清晰了解产品或是反复购买后能带来的好处以及性价比，并与消费者分享真实案例。（3）了解消费者的深度需求。（4）关注用户使用产品的进度，比如已经使用了一半，就要及时进行使用前后效果的对比确认，为后续的复购做铺垫。

● 做好客情维护。维护客情的基础就是真正了解顾客需要什么，懂得换位思考：如果我们自己是用户，会不会在同类产品当中进行比较后，选择我们自己的产品？要关注用户的使用体验和重视他们的意见和建议，用户很多时候选择的可能不是最好的产品，但可能是他们能从中获得最好感受的产品，而这种感受是通过客情服务传递的，这样容易形成产品复购的"生态圈"。

温馨提示：情景图任务的参考答案线索和思路都隐含在情景图和任务纸中，请根据问题用手机自查资料或案例，各团队按抽签顺序上台讲解、答辩和互动。

第二模块：产品市场营销训练之5

《产品复购与重复使用》
翻转课堂情景图任务 A

参见第73页翻转课堂情景图，根据实际情况选择任务，在团队讨论基础上，成员分工合作，在任务纸或大画纸上完成。

■ **关于重复购买** 参见第73页情景图A，完成以下任务并翻转课堂：
1. 举例阐述：什么是重复购买？重复购买有哪几种方式？
2. 结合企业和团队项目举例阐述：你们的产品有没有顾客重复购买？顾客重复购买的方式有哪些？

■ **重复购买率与TMD-1** 参见第73页情景图B，完成以下任务：
1. 举例阐述：什么是重复购买率？重复购买和重复购买率有什么关联？
2. 举例阐述：重复购买率有哪几种计算方法？

课程思政 团队讨论：
大学生创业如何实现个人价值、企业价值和社会价值的融合？

■ **重复购买率与TMD-2**　　参见第73页情景图B，完成以下任务并翻转课堂：

1. 结合企业和团队项目举例阐述：TMD分别指的是重复购买中的哪三种要素？在这三种要素中，你最注重哪个？为什么？

2. 结合企业和团队项目举例阐述：重复购买和新零售有什么关联？

■ **用户思维与重复使用**　　参见第73页情景图D，完成以下任务并翻转课堂：

1. 结合企业和团队项目举例阐述：重复购买与用户"想要、好玩、好用、放心"有哪些关联性？

2. 举例阐述：在"想要、好玩、好用、放心"四个要素中，哪2个要素适合年龄偏小的用户？哪2个要素适合年龄偏大的用户？为什么？

学习心得

根据任务的难度和完成的质量、数量、创新性、相关性、匹配程度等，给予具体评分： 90-99、80-89、70-79、60-69、50-59、40-49、30-39、0-29。未做任务者计0分。

消费者心智

【问题聚焦】

要理解消费者心智，先简单了解一下什么是消费者心理。消费者心理是指消费者发生的一切心理活动，以及由此推动的行为动作，包括消费者观察商品、搜集商品信息、选择商品、购买商品、使用商品、分享商品使用体验等。

消费者心理其实就是购买商品过程中产生的各种心理可能，这些消费心理对消费行为有哪些影响是不确定的。而心智是消费者蕴藏在内心深处的对待各种产品的看法或价值认知程度，这种认知是有固定思维模式和优先层次的，我们在市场营销中常说的产品定位就是要想方设法在目标消费者心智当中抢占一个第一的位置。

消费者的购买过程是有规律可循的，这个规律就是"用品类来思考，用品牌来选择"，因此首先要抢占目标消费者心智当中第一品类的位置（如果在现有品类当中成为不了第一，就细分出一个新的品类，使之成为第一）。当消费者决定购买该品类时一定会落点在哪个品牌上，因此在消费者心智当中的第一品牌是最有机会的。

【进入消费者心智途径探讨】

● 寻找产品与消费者之间的心智诉求点。不同阶层的消费者都有自己传承的文化基因和精神层面的诉求点，关键是否能找到并准确表达出来。例如：联邦快递"隔天送达"的经营理念诉求，深深打动追求高效率顾客的心智，因而在细分的快递市场中胜出。

● 找到并触动消费者心智的敏感点、兴奋点。每一个人的心智是有一定规律的，对一些企业营销活动或产品可能感兴趣，又有可能对一些企业营销活动或产品无动于衷。要让目标消费者对感兴趣的产品有欲罢不能、非买不可的感觉，并想方设法延长其兴奋的时长，形成多次购买或口碑效应；对不感兴趣的营销活动和产品，要设法让其有兴趣，积极提升敏感度、兴奋度。因此，在产品营销推广活动中，要充分了解目标消费者的心智特性，以心换心，形成心灵共振。

● 突显产品的特点，这些特点就是闪光点、亮点。什么是特点？就是人无我有，人有我优，人优我特。特点就是与众不同，如果产品没有突出的特点，就要提出自己独特的销售主张。比如：农夫山泉有点甜，一旦目标消费者认可了农夫山泉有点甜，其他的竞争对手无法再在口感上做诉求，你不能说某某山泉有点酸，某某山泉有点苦，如果说某某山泉有点甜，消费者心智认可的还是农夫山泉。

温馨提示：情景图任务的参考答案线索和思路都隐含在情景图和任务纸中，请根据问题用手机自查资料或案例，各团队按抽签顺序上台讲解、答辩和互动。

第二模块：产品市场营销训练之 5

《产品复购与重复使用》
翻转课堂情景图任务 B

参见第73页翻转课堂情景图，根据实际情况选择任务，在团队讨论基础上，成员分工合作，在任务纸或大画纸上完成。

■ 顾客心智系统与重复购买-1

参见第73页情景图C，完成以下任务并翻转课堂：

1. 举例阐述：品牌E、品牌D、品牌C、品牌B、品牌A在顾客心智系统中占的位置与顾客重复购买有什么关系？

2. 在下图中，标出顾客重复购买的临界点在哪里？为什么？

3. 举例阐述：消费者"用品类思考，用品牌选择"与顾客重复购买有什么关联？

创新创业课程资源库

案例 ● 教案 ● 音视频 ● PPT课件 ● 电子教材
策划方案 ● 课程思政资料和图片 ● 创业计划书

扫描二维码，学习二十大主要精神

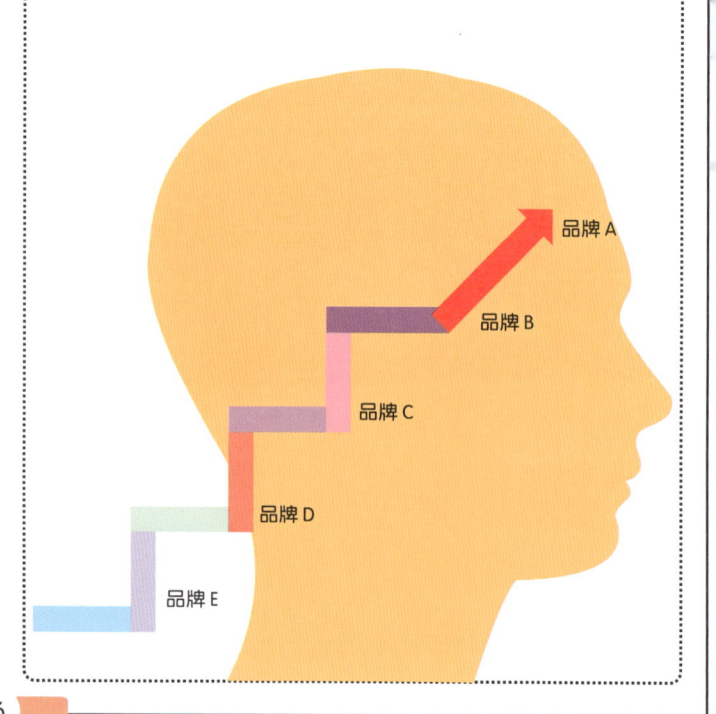

品牌 A
品牌 B
品牌 C
品牌 D
品牌 E

■ **顾客心智系统与重复购买-2**　参见第73页情景图C，完成以下任务并翻转课堂：

1. 举例阐述："好的产品、可延伸的产品线"与顾客重复购买有什么关联？

2. 举例阐述："极致的消费体验"与顾客重复购买有什么关联？

3. 举例阐述："卓越的会员服务"与顾客重复购买有什么关联？

■ **从用户角色转换看重复购买和重复使用**　参见第73页情景图E，完成以下任务并翻转课堂：

1. 举例阐述：用户在购买产品前、购买产品中、使用产品中和使用产品后，分别扮演了什么样的角色？

2. 举例阐述：用户重复购买与接触产品、购买产品、体验产品和传播产品之间有哪些关联？在哪个环节最能有效提高重复购买率？

学习心得

根据任务的难度和完成的质量、数量、创新性、相关性、匹配程度等，给予具体评分：　90-99、80-89、70-79、60-69、50-59、40-49、30-39、0-29。未做任务者计0分。

"十四五"职业教育国家规划教材

以成果为导向的情景式可视化创新创业训练系统

创新创业课程资源库

案例 ● 教案 ● 音视频 ● PPT课件 ● 电子教材
策划方案 ● 课程思政资料和图片 ● 创业计划书

扫描二维码,学习二十大主要精神

模块二:
产品市场营销训练 之 6
竞争与创新创业

模块二：产品市场营销训练之 6
竞争与创新创业

·可视化翻转课堂图·

A 竞争、市场竞争与商业竞争

A1 Competition 竞争
涵盖范围：个体间竞争、群体间竞争
政治、军事、社会、经济、教育、体育、文化、卫生

- 竞争是个体或群体间力图胜过或压倒对方的心理和行为过程。
- 竞争是一种极为重要的市场发展机制。

A2 市场竞争
市场竞争是市场经济的基本特征，指在市场经济条件下，企业和个体从各自的利益出发，为取得较好的产销条件、获得更多的市场资源而产生的竞赛、对抗和排斥等行为。

包括：产品竞争、实力竞争、信息竞争、服务竞争、价格竞争、渠道竞争、信誉竞争……

市场竞争是以需求为核心的

A3 商业竞争
商业竞争是指商品经营者之间为争夺市场份额而进行的角逐和较量。商业竞争是卖方之间的竞争，其前提是要形成供大于求的买方市场。现代发达的商品经济基本上都是买方市场，所以商业竞争是一种常态。

商业竞争是以品牌为核心的
价格、产品、品牌、经营、服务

B 制订与市场竞争和商业竞争相匹配的企业竞争战略

B1 高质量竞争战略
产品功能、耐用性、牢固性、可靠性、实用性、安全性
高品质产品以顾客需求为中心

高质量要反映在企业的各项活动和创造价值的全过程中。

B2 低成本竞争战略
实现低成本战略的关键是发挥规模经济的作用，使生产规模扩大、产量增加，使单位产品固定成本下降：
- 以较低的价格取得生产所需的原材料和劳动力。
- 使用先进的机器设备，增加产量，提高设备利用率、劳动效率和产品合格率。
- 加强成本与管理费用的控制等。

B3 差异化竞争战略
差异化表现：产品性能、质量、款式、商标、型号、档次、产地、技术、工艺、原材料、销售网点、售前服务、售后服务……

采用差异优势战略的企业以表现某些方面的独到之处作为竞争的主要手段，以期在与竞争对手的差异比较中占有相对或绝对的竞争优势。

B4 集中优势竞争战略
集中优势，就是企业并不面向整体市场的所有消费者推出产品和服务，而是专门为一部分消费者群体（局部市场）提供产品和服务，这样相对于局部市场能有效控制投资规模又能凸显一定优势。这一战略既能满足精准目标消费者群体的需要，具有与差异化战略类同的优势，又能在较窄的领域里以较低的成本进行经营，兼有低成本战略相同的优势。

C 波特五力模型、竞争力状况与企业策略

C4 潜在的及新参加的竞争者（流动性的威胁）
能给行业带来新生产能力、新资源的潜在的和新参加的竞争者都想在市场中赢得一席之地，必然和现有企业展开竞争。

潜在的新参加的竞争者与现有企业产生的在原材料、市场份额等方面的竞争，最终会导致行业中现有企业盈利水平的降低。

C3 供应商供应能力
供应商主要通过提高投入要素价格与降低单位价值质量，来影响行业中现有企业的盈利能力与产品竞争力。

C1 行业内竞争 细分市场内竞争

C2 购买者购买能力
购买者主要通过压价与要求提供较高质量的产品和服务的方式，来影响行业中现有企业的盈利能力，购买者的需求和购买能力深度影响企业的盈利水平。

C5 替代品的威胁
两个处于不同行业的企业，生产的产品可能会互为替代品，从而在它们之间产生相互竞争。

这种源自替代品的竞争会以各种形式影响行业中现有企业的竞争战略和企业策略。

五力综合作用 决定市场吸引力

C6 竞争力状况与企业策略

市场吸引力	弱 ← 竞争力 → 强
强	扩大投资 寻求主导 | 市场细分 追求主导 | 专业集中 收购并购
	细分市场 加大投入 | 细分市场 专门化发展 | 专业集中 特定市场
弱	保证生存 寻找机会 | 市场未明 谨慎投资 | 集中优势 超越对手

D 创新创业与竞争

D1 创新是以新思维、新发明和新描述为特征的一种概念化过程。
创造 改变 更新 → 创新层次

以现有的思维模式提出有别于常规或常人思路的见解，利用现有的知识和物质，在特定的环境中，本着发现、满足和创造需求而更新、改变、创造新的事物、方法、元素、产品、渠道、原材料等，并获取一定的收益和效果。

新原料、新渠道、新产品、新元素、新方法、新事物

- 竞争是一种促进创新的机制，竞争必然带来积极的影响。

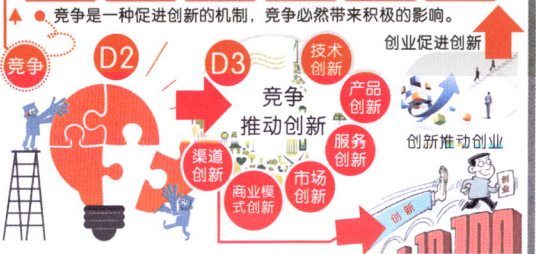

D2 竞争推动创新：技术创新、产品创新、渠道创新、服务创新、商业模式创新、市场创新

D3 创新推动创业

E 竞争方式的探讨

E1 负和
是指双方冲突和斗争的结果，一方所得小于所失，或两败俱伤，即通常所说的其结果的总和为负数。

E2 零和
在竞争中，一方的收益意味着另一方的损失，各方的收益和损失相加总和为"零"。双方不存在合作可能。

E3 正和
双方收益都有所增加，或者至少是一方收益增加，而另一方利益不受损害，因而整体收益都有所增加。

合作是最好的竞争

F 如何判断产品竞争力？

产品解决问题有三种情况：解决问题不充分、正常解决问题和超常解决问题，这三种情况造成产品竞争力的巨大差异。

用户在选择产品时，当它们解决问题的程度都差不多时，最后价格往往是决定性因素之一。

F1 解决问题的深度 40分
所需成本 20分
F2 20分
F3 解决问题的效率
现在已不再是大鱼吃小鱼的生存规则，而是快鱼在吃慢鱼，"互联网+"时代非常重视产品解决需求的效率。

F4 使用风险 10分
风险通常是新技术产品推广初期面临的最大问题

F5 过程体验 10分
过程体验包括感官的体验和操作流畅度两大部分

市场经济与市场竞争

【问题聚焦】

市场经济（Market Economy）是指通过市场配置社会资源的经济形式，市场就是商品或劳务交换的场所或接触点（可以是有形的，也可以是无形的）。在市场上从事各种交易活动的当事人，不仅有买卖双方的关系，还会有买方之间、卖方之间的关系，这些都是市场主体。整体来说，在不考虑政府干涉的前提下，由供求关系决定的交换结果是市场经济的本质。

市场竞争是市场经济的基本特征之一。在市场经济条件下，企业从各自利益出发，为取得较好的产销条件、获得更多的市场资源而展开竞争。通过竞争，实现企业的优胜劣汰，进而实现生产要素的优化配置。

【几种企业竞争战略探讨】

● **高质量竞争战略。** 是指企业以高质量为竞争手段，致力于树立高质量的企业形象。高质量要以顾客需求为依据，注重产品的性能质量（包括产品的功能、耐用性、牢固性、可靠性、经济性、安全性等），不断进取，将高质量的战略理念和各项措施贯穿企业各项活动和创造价值的全过程。

● **低成本竞争战略。** 是指企业以低成本作为主要竞争手段，努力使自己在成本方面比同行的其他企业占有优势地位。实现低成本策略的关键是发挥规模经济的作用，使生产规模扩大、产量增加，从而降低单位产品固定成本。除此之外，企业还可以通过加强成本与管理费用的控制、使用先进设备等方式实现低成本竞争。

● **差异化竞争战略。** 差异化包括：产品的性能、质量、款式、商标、型号、档次、产地、生产产品所采用的技术、工艺、原材料以及售前售后服务、销售网点等方面的差异。差异化竞争战略可以减少与竞争对手的正面冲突，并在某一领域取得比较性竞争优势。比如：顾客对具有特色的产品可能并不计较价格或无法进行价格比较，从而可以高于竞争者的价格销售产品。实施差异化竞争战略可能要付出较高的成本代价。

● **集中优势竞争战略。** 企业并不面向整体市场的所有消费者推出产品和服务，而是专门为一部分消费者群体（局部市场）提供服务。集中精力于局部市场，集中资源进行投入，这对中小型企业特别是初创型企业来说，能够在激烈竞争中争取生存与发展的空间。采用集中优势竞争战略，既要能满足某些消费者群体的特殊需要，又要具有与差异化战略相同的优点，并且能在较窄的领域里以较低的成本进行经营，因此兼有低成本战略的一些优点。

温馨提示： 情景图任务的参考答案线索和思路都隐含在情景图和任务纸中，请根据问题用手机自查资料或案例，各团队按抽签顺序上台讲解、答辩和互动。

第二模块：产品市场营销训练之6
《竞争与创新创业》
翻转课堂情景图任务 A

参见第79页翻转课堂情景图，根据实际情况选择任务，在团队讨论基础上，成员分工合作，在任务纸或大画纸上完成。

■ **竞争、市场竞争与商业竞争** 参见第79页情景图A，完成任务：

1. 结合企业和团队项目举例阐述：什么是竞争？你们企业、团队项目和产品主要竞争对手有哪些？判断的依据是什么？

2. 结合企业和团队项目举例阐述：市场竞争有哪些类型？你们企业和团队最具备竞争优势的类型有哪些？依据是什么？

3. 结合企业和团队项目举例阐述：为什么说商业竞争是以品牌为核心的？

■ **制订与市场竞争和商业竞争相匹配的企业竞争战略**
参见第79页情景图B，完成以下任务并翻转课堂：

1. 举例阐述：企业竞争策略有哪些类型？分别有什么特点？

2. 举例阐述：目前你们企业和团队适合采取哪种类型的竞争策略？为什么？

课程思政 团队讨论：
大学生如何正确认识自我；科学制定人生目标、全局思维，将爱好兴趣付诸实践，避免纸上谈兵。

波特五力模型、竞争力状况与企业策略 参见第79页情景图C，完成以下任务并翻转课堂：

1. 在以下图形对应的空白处填写：波特五力模型中的五大要素分别有什么特点？

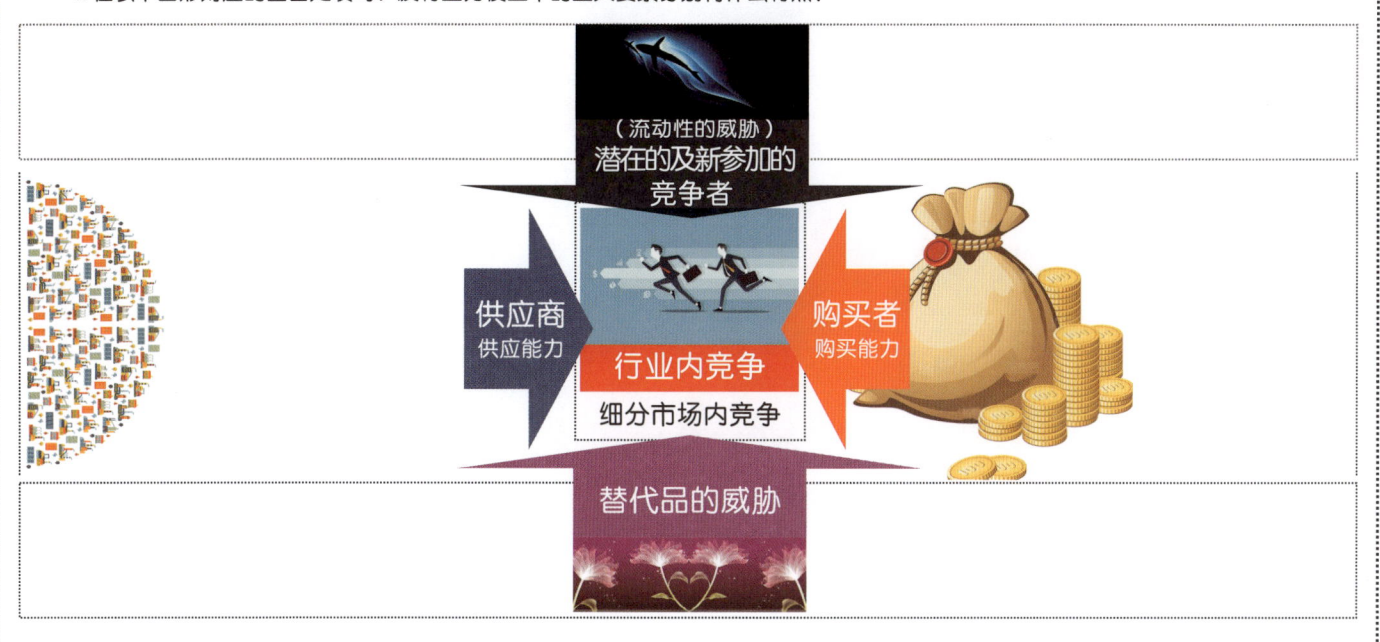

（流动性的威胁）
潜在的及新参加的竞争者

供应商 供应能力

行业内竞争
细分市场内竞争

购买者 购买能力

替代品的威胁

2. 结合案例阐述：为什么说波特五力综合作用的结果决定了市场吸引力的大小？

3. 根据企业和团队的实际情况，在下图中用圆点标出具体的位置，并阐述应该采取何种竞争策略？

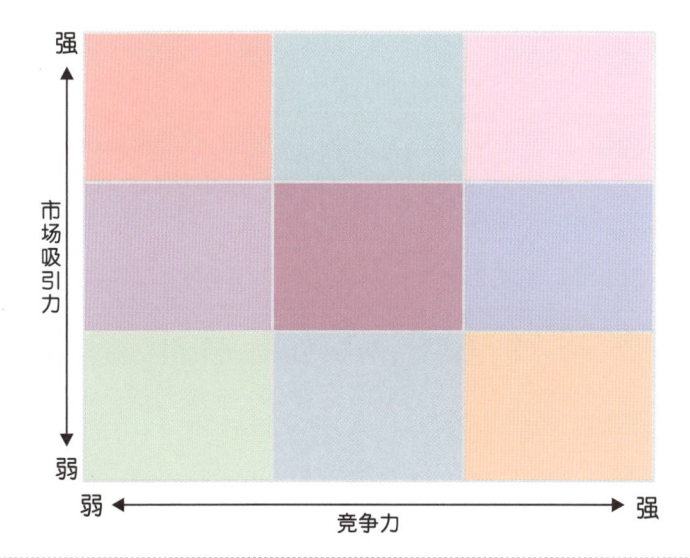

市场吸引力（强—弱）　　竞争力（弱—强）

学习心得

根据任务的难度和完成的质量、数量、创新性、相关性、匹配程度等，给予具体评分：90-99、80-89、70-79、60-69、50-59、40-49、30-39、0-29。未做任务者计0分。

企业竞争力

【问题聚焦】

企业竞争力就是在竞争性市场条件下，企业通过培育自身资源和能力，获取外部可寻资源，并综合加以利用，在为顾客创造价值的基础上，实现自身价值的综合性能力。竞争力强的企业，能够更有效地向市场提供产品和服务，并获得盈利和声望。

企业竞争力包括成本控制力、产品品质力、品牌影响力、团队执行力、文化凝聚力、持续发展力、风险承受力等，在企业竞争力当中能和企业优势资源匹配，并具有比较性竞争优势或绝对竞争优势的就是企业核心竞争力。

【企业市场竞争地位的识别与探讨】

● 市场领先者。是指行业中在同类产品的市场上占有率最高的企业。市场领先者可以采取三种策略：（1）扩大需求量（A.不断发现新的购买者和使用者；B.开辟产品的新用途；C.增加产品的使用量）。（2）保护市场占有率策略（A.阵地防御；B.侧翼防御；C.先发防御；D.反攻防御；E.运动防御；F.收缩防御）。（3）提高市场占有率（设法通过提高企业的市场占有率的途径来增加收益、保持自身的成长和主导地位）。

● 市场挑战者。指那些在市场上处于第二、第三甚至更低地位的企业，为争取达到市场领先地位，向竞争者发起挑战。市场挑战者可以采取的策略：（1）确定策略目标和挑战对象（A.攻击市场领先者；B.攻击市场挑战者或追随者；C.攻击地区中小型企业）。（2）选择进攻策略（A.正面进攻；B.侧翼进攻；C.围堵进攻；D.迂回进攻；E.游击进攻）。

● 市场跟随者。指那些在市场上处于第二、第三甚至更低地位的不采取市场挑战策略的企业。市场跟随者可以采取的策略：（1）紧密跟随；（2）保持距离跟随；（3）选择性跟随。

● 市场补缺者。指精心服务于某些细分市场，避开与占主导地位的企业竞争，只是通过发展独有的专业化经营来寻找生存与发展空间的企业。市场补缺者主要特征：（1）具有占据该补缺位置所必须的资源和能力；（2）有一定竞争力，又没有引起主要竞争对手注意；（3）目标人群有一定购买力，并具有一定市场潜力。市场补缺者可以采取的策略：（1）善于发现和尽快占领自己的补缺市场；（2）不断扩大和保护自己的补缺市场。

温馨提示：情景图任务的参考答案线索和思路都隐含在情景图和任务纸中，请根据问题用手机自查资料或案例，各团队按抽签顺序上台讲解、答辩和互动。

第二模块：产品市场营销训练之 6
《竞争与创新创业》
翻转课堂情景图任务 B

参见第79页翻转课堂情景图，根据实际情况选择任务，在团队讨论基础上，成员分工合作，在任务纸或大画纸上完成。

■ **创新创业与竞争** 参见第79页情景图D，完成以下任务并翻转课堂：

1. 结合企业和团队项目举例阐述：什么是创新？在新原料、新渠道、新产品、新元素、新方法、新事物这些要素中，比较容易创新的要素是什么？为什么？

2. 结合企业和团队项目举例阐述：你们的企业、团队项目和产品有哪些创新之处？

3. 结合企业和团队项目举例阐述：竞争与创新、创新与创业有什么关联性？

■ **竞争方式的探讨** 参见第79页情景图E，完成以下任务并翻转课堂：

1. 结合实际案例阐述：什么是竞争中的负和、零和、正和？你们的企业和团队与竞争对手是什么关系？

2. 在兔子和乌龟赛跑的故事当中，乌龟和兔子是如何实现正和的？

■ **如何判断产品竞争力？** 参见第79页情景图F，完成以下任务并翻转课堂：

1. 举例阐述：判断产品竞争力的五个要素是什么？在这五个要素中，你们企业和团队最具备竞争优势的要素是什么？依据是什么？

2. 根据产品竞争力的五个要素评分标准，请给你们企业和团队的产品计算一下综合得分，并对其产品竞争力给予客观的评价。

学习心得

根据任务的难度和完成的质量、数量、创新性、相关性、匹配程度等，给予具体评分： 90-99、80-89、70-79、60-69、50-59、40-49、30-39、0-29。未做任务者计 0 分。

创业经营实战【四通八达】路径图

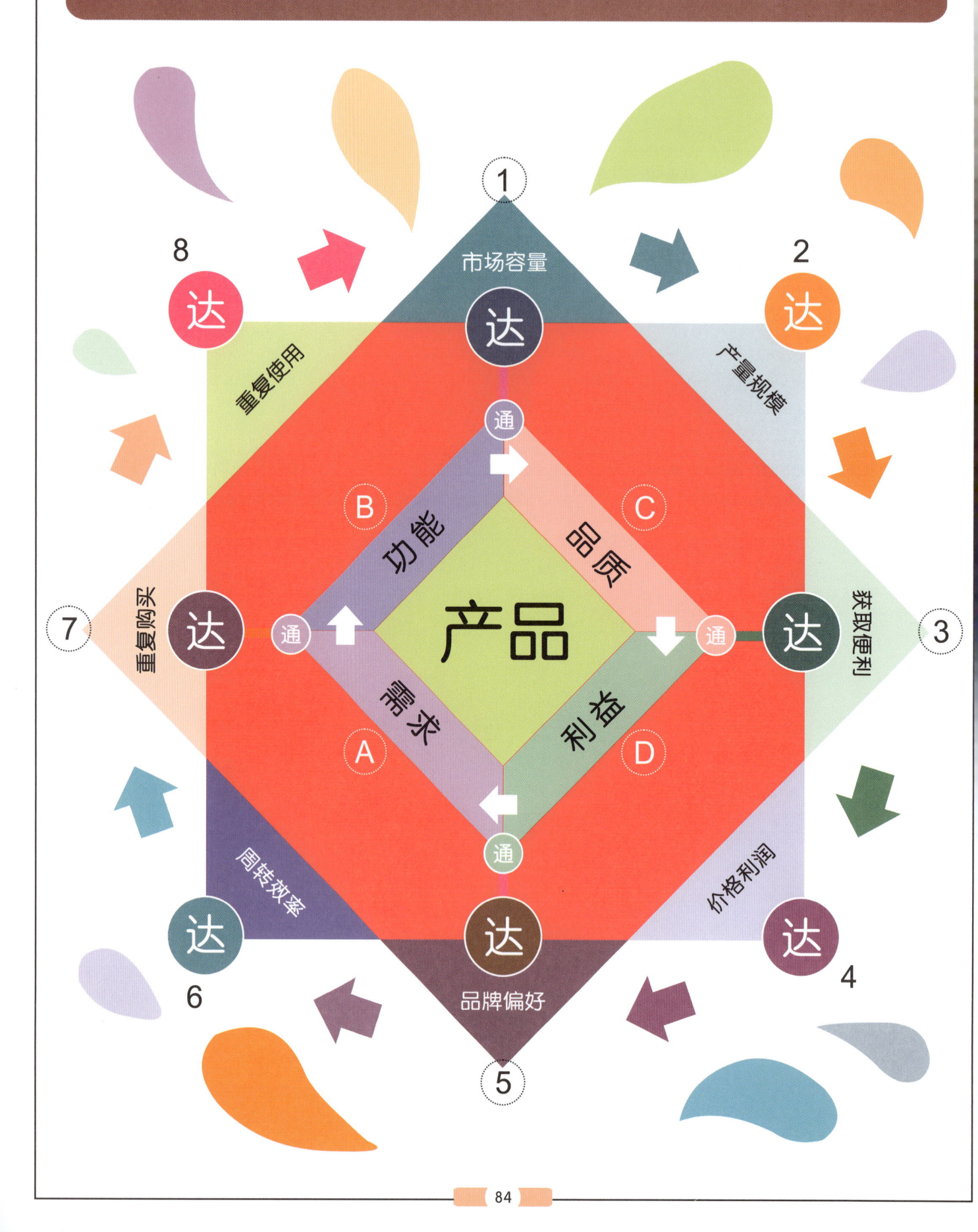

① 市场容量 达
② 产量规模 达
③ 获取便利 达
④ 价格利润 达
⑤ 品牌偏好 达
⑥ 周转效率 达
⑦ 重复采购 达
⑧ 重复使用 达

产品
- 功能 通 B
- 品质 通 C
- 利润 通 D
- 需求 通 A

84

模块三：创业经营管理训练思维导图树

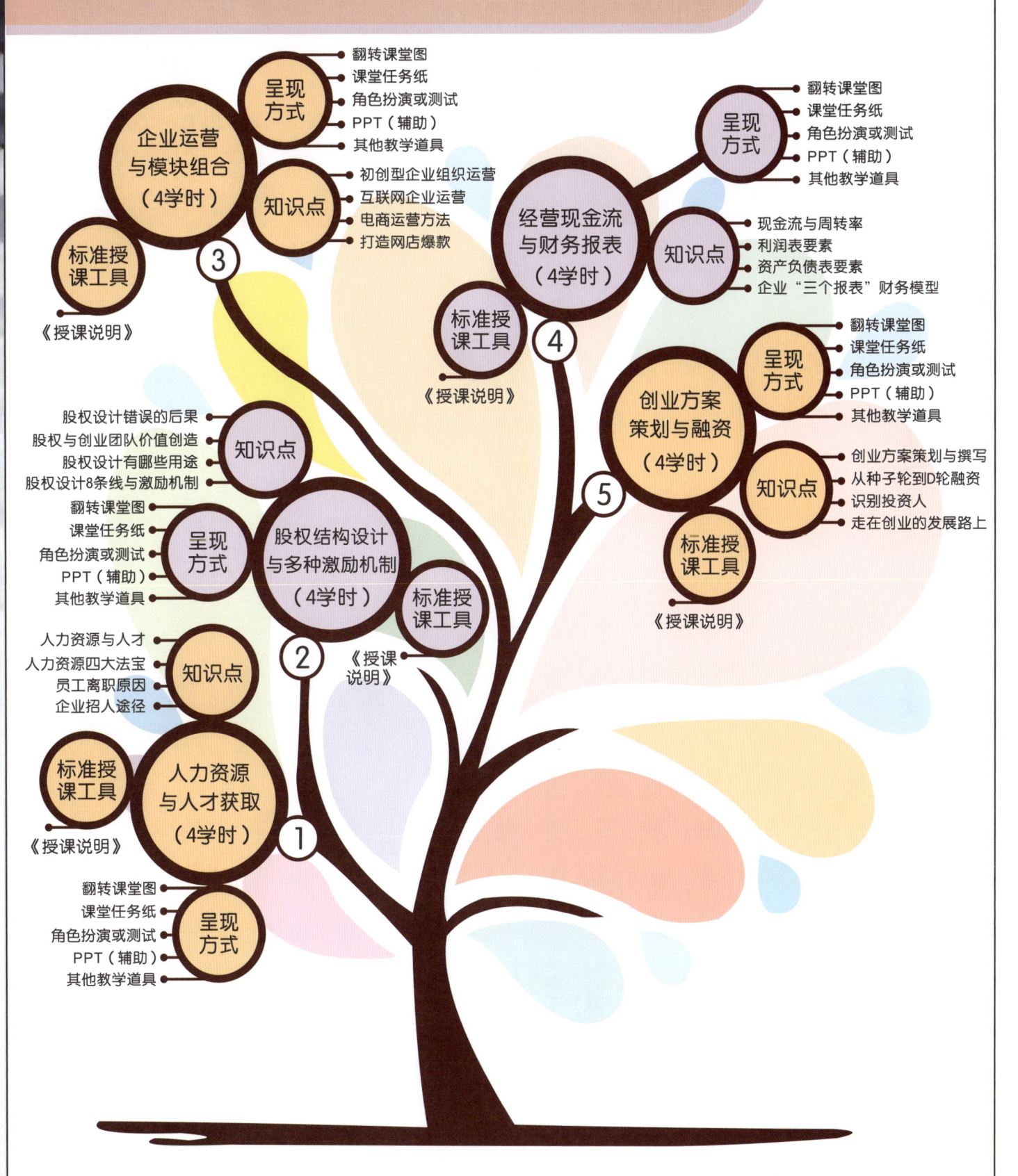

1. 人力资源与人才获取（4学时）

知识点
- 人力资源与人才
- 人力资源四大法宝
- 员工离职原因
- 企业招人途径

呈现方式
- 翻转课堂图
- 课堂任务纸
- 角色扮演或测试
- PPT（辅助）
- 其他教学道具

标准授课工具
- 《授课说明》

2. 股权结构设计与多种激励机制（4学时）

知识点
- 股权设计错误的后果
- 股权与创业团队价值创造
- 股权设计有哪些用途
- 股权设计8条线与激励机制

呈现方式
- 翻转课堂图
- 课堂任务纸
- 角色扮演或测试
- PPT（辅助）
- 其他教学道具

标准授课工具
- 《授课说明》

3. 企业运营与模块组合（4学时）

呈现方式
- 翻转课堂图
- 课堂任务纸
- 角色扮演或测试
- PPT（辅助）
- 其他教学道具

知识点
- 初创型企业组织运营
- 互联网企业运营
- 电商运营方法
- 打造网店爆款

标准授课工具
- 《授课说明》

4. 经营现金流与财务报表（4学时）

呈现方式
- 翻转课堂图
- 课堂任务纸
- 角色扮演或测试
- PPT（辅助）
- 其他教学道具

知识点
- 现金流与周转率
- 利润表要素
- 资产负债表要素
- 企业"三个报表"财务模型

标准授课工具
- 《授课说明》

5. 创业方案策划与融资（4学时）

呈现方式
- 翻转课堂图
- 课堂任务纸
- 角色扮演或测试
- PPT（辅助）
- 其他教学道具

知识点
- 创业方案策划与撰写
- 从种子轮到D轮融资
- 识别投资人
- 走在创业的发展路上

标准授课工具
- 《授课说明》

《创业经营实战》第三模块：创业经营管理训练　20学时（每个学时40-45分钟）

创业经营管理训练模块可根据实际需要拆解学时，也可与《创业经营实战》其他模块配合使用。本思维导图供老师授课前备课参考和学生进行学习前预习使用。4个学时的课程可一次4节课连上，也可分为两次课上（每次2节课）。

"十四五"职业教育国家规划教材

以成果为导向的情景式可视化创新创业训练系统

创新创业课程资源库

- 案例 ● 教案 ● 音视频 ● PPT课件 ● 电子教材
- 策划方案 ● 课程思政资料和图片 ● 创业计划书

扫描二维码，学习二十大主要精神

模块三：
创业经营管理训练 之 1
人力资源与人才获取

模块三：创业经营管理训练之 1

人力资源与人才获取

·可视化翻转课堂图·

A 人力资源与人才

A1 人力资源
组织所拥有的用于制造、销售、管理、提供服务等方面的劳动者。

A2 人才
经营人才 / 管理人才 / 技术人才 / 技能人才

人才指具有一定的专业知识或专门技能，能够胜任岗位要求，进行创造性劳动，并对组织做出贡献的人，是人力资源中能力较强和素质较高的劳动者。

B 人力资源管理四大法宝

B1 培训功能
给人讲解的时候，呈现能力要强。

B2 职业生涯规划
不同层级的员工适合在企业做多少年？你的人生和企业缘分有多长？

B3 文化塑造
不同的文化形成不同的氛围。影响靠氛围，改变靠能力。

B4 绩效和品行考核
绩效和薪酬对应，品行和选、用、育、留紧密关联。

C 员工为什么会离职？

- **C1** 企业没有发展前景
- **C2 / C3** 薪酬不合理 
- **C4** 与上级关系冲突
- **C5** 绩效考核不公平
- **C6** 没有归属感
- **C7** 身体与创业的原因
- **C8** 钱没给够 / 心委屈了

D 人力资源管理主要工作

D1 综合能力（MA）
行为、品质、心理、人格、能力、思维、素质、品格

D2 环境氛围（EV）
宗旨、价值、团队、沟通、心情、关系、安全、健康

D3 发展竞争力（ED）
职业、生涯、培训、提升、选拔、晋升、变化、发展

D4 人事管理（PM）
流调、医保、考评、绩效、薪金、福待、招聘、录用

E 招聘与人才

E1 招
"招"的原意是"打手势叫人来"，引申为"吸引和找到正确的人"

E2 聘
"聘"的原意是"用耳朵去探听消息"，引申为"通过各种方法去了解和判断这个人是不是我们要找的人"

E3 人才市场能否招到一流的人才？
真正的一流的人才一般都不会到人才市场找工作，因为他们通常都不会失业，随时都会有企业和猎头瞄着他们，一旦他们有跳槽的想法，都会有人高薪聘请。

F 企业和门店在什么时候要招人？

- **F1** 拓展新业务、开新店
- **F2** 公司实施变革
- **F3** 淘汰平庸不能拖延
- **F4** 处理低效人员，没有达到业绩标准甚至业绩达不到成本线的一定要更换，要有储备人才。

G 企业和门店的招人途径

- **G1** 人才市场
- **G2** 网上招聘 
- **G3** 通过猎头 
- **G4** 参加行业聚会和专门的研讨会 
- **G5** 递名片结识 
- **G6** 请亲朋好友介绍 
- **G7** 客户推荐  
- **G8** 请有影响力的人推荐 
- **G9** 积累行业人脉 
- **G10** 行业人才库 
- 更多……

H STAR星星闪烁招聘问话技术

- **H1** 问工作曾面临的困难、痛苦、压力、不舒服 S问困难 SUFFERING
- **H2** 问当时的感受、想法和思路 T问想法 THINKING
- **H3** 问当时是怎么做的？具体做了什么事情，为什么这么做？ A问行动 ACTION
- **H4** R问结果 RESULT 做了以后效果如何？看是否懂得控制结果。

I 品红酒与品人

I1 观察悬浮物：看眼神 一个人的眼神浑浊不可能成就事情，眼神要清澈，神定则心定，心定则事定。

I2 观察挂杯：看经历 新鲜纯正的干红葡萄酒挂杯多、厚，挂杯读秒：黏稠度、浓度、糖度，通过经历评其任职能力。

I3 摇荡气息（醒酒）：看价值观 这个人的工作周期是短期还是长期的？是以利益为导向的还是以价值为导向的？是服从型的还是张扬型的？不是用好坏来评价，要看与企业发展是否吻合。

I4 用舌细品，回旋细味：看性格是否匹配 红酒晃了以后沉淀下去，从舌尖轻轻呷，在口腔中细细回荡三圈，写下第一次感受，再吃点面包圈点点矿泉水、品第二次，写下第二次感受，连续三次，红酒的评估报告就基本上出来了。看人亦然。

人力资源管理

【问题聚焦】

人力资源管理是指企业的一系列人力资源政策以及相应的管理活动。这些活动主要包括企业人力资源战略的制定，员工的招募与选拔，培训与开发，绩效管理，薪酬管理，员工流动管理，员工关系管理，员工安全与健康管理等。即企业运用现代管理方法，对人力资源的获取（选人）、开发（育人）、保持（留人）和利用（用人）等方面所进行的计划、组织、指挥、控制和协调等一系列活动，最终达到实现企业发展目标的一种管理行为。

【企业人力资源管理主要工作】

● 人力资源规划。将组织对员工数量和质量的需求与人力资源的有效供给相协调。需求源于企业运作的现状与预测，供给方面则涉及内部与外部的有效人力资源量。通过人力资源规划，了解组织的具体需求，从而为人员选拔、培训以及奖励等活动提供依据。

● 人员招聘。招聘之前，要做工作分析，对招聘岗位的员工职责做仔细分析，并做出岗位描述，然后确定应聘该岗位的候选人应具备的能力，并根据对应聘人员的吸引程度选择最合适的招聘方式。

● 人员选拔。通过求职申请表、面试、测试和评价中心等方法，从应聘人员中选择适合的候选人，企业要尽量增大吸纳能力。

● 绩效评估。这是一种根据设定目标评价员工业绩的方法，业绩可以用事先设定的指标量化，可用于对员工进行培训，或作为表彰奖励的依据。

● 培训。这一过程关系到建立何种培训体系，哪些员工可以参加培训等问题。当组织对核心员工在公司内的发展有所计划时，培训就是努力使企业与个人事业发展相协调。

● 报酬与奖惩。包括确定工资级别和水平，福利与其他待遇的制定，奖励和惩罚的标准与实施，以及工资的测算方法（如岗位工资，计件工资或绩效工资等），各种补贴等。

● 劳动关系。包括与员工签订劳动协议或雇用合同，处理员工与公司或员工之间可能出现的纠纷，制定员工的权利和义务，按照劳动法处理各类员工问题，制定员工投诉制度等。

● 员工沟通与参与。通过召开会议等形式将有关信息传达给员工，安排一定的方式使员工能对公司决策有所贡献（如提出建议方案）。

● 人事档案记录。由人事部门集中管理，包括应聘材料和后续工作中添加的反映员工资历、成绩和潜力的资料等。员工档案是人事决策的一项重要依据。

> **温馨提示**：情景图任务的参考答案线索和思路都隐含在情景图和任务纸中，请根据问题用手机自查资料或案例，各团队按抽签顺序上台讲解、答辩和互动。

第三模块：创业经营管理训练之1
《人力资源与人才获取》
翻转课堂情景图任务 A

参见第87页翻转课堂情景图，根据实际情况选择任务，在团队讨论基础上，成员分工合作，在任务纸或大画纸上完成。

■ **人力资源与人才** 参见第87页情景图A，完成以下任务：

1. 结合企业和团队具体情况，用实际案例分享你对"人力资源"的理解。

2. 结合企业和团队具体情况，用实际案例分享你对"人才"的理解。

3. 请对你的企业和团队进行一个人才盘点，看看已经具备了哪些人才？还缺哪些人才？如何吸引和获取所缺的人才？

■ **人力资源管理四大法宝** 参见第87页情景图B，完成以下任务：

1. 结合企业和团队具体情况，用实际案例分享你对人力资源管理"培训功能"和"职业生涯规划功能"的理解。

2. 结合企业和团队具体情况，用实际案例分享你对人力资源管理"文化塑造功能"和"绩效和品行考核功能"的理解。

■ **员工为什么会离职？** 参见第87页情景图C，完成以下任务并翻转课堂：

1.举例阐述：员工离职有哪些原因？入职三个月、半年、一年、三年、五年离职的员工在离职的原因上有什么差异？

2.举例阐述对这句话的理解："员工离职归根结底就两个原因：一是钱没给够，二是心委屈了。"

■ **人力资源管理主要工作** 参见第87页情景图D，完成以下任务并翻转课堂：

1.举例阐述：如何进行人力资源的综合能力（MA）管理？

2.举例阐述：如何进行环境氛围（EV）塑造和管理？

3.举例阐述：如何进行人力资源的发展竞争力（ED）打造和管理？

4.举例阐述：如何进行人力资源的人事管理（PM）？

学习心得

根据任务的难度和完成的质量、数量、创新性、相关性、匹配程度等，给予具体评分： 90-99、80-89、70-79、60-69、50-59、40-49、30-39、0-29。未做任务者计0分。

人才甄选

【问题聚焦】

如何招到一支有绩效的优秀团队，人才的招聘和甄选是关键，主要有六大步骤：（1）企业要清晰知道什么时候招人？（2）招什么样的人？优秀的标准是什么？（3）这个人怎么样？内心探测，做心理测试：行为风格MBTI-M版93题测试15分钟、标准情商EQ 50题测试10分钟、卡特尔16PF 187题测试45分钟、盖洛普5个优势才干SST 180题40分钟、喜好匹配DDI31（31题）10分钟；（4）需要掌握问话技巧，可采用星星闪烁问话术一问到底，注意要多问为什么，并在适当的环节进行取悦问话；（5）关注和吸引人才；（6）在企业运营中融入人才。

【人才甄别之问话技术探讨】

● 战略思考之测试问话：（1）你现在公司面临的三个重要战略问题是什么？（2）描述你参与处理其中的一项战略问题；（3）你当时采取了什么样的行动？（4）你认为工作中最大的经验和教训是什么？（5）你认为你的上司对你的期望点是什么？

● 业绩导向之测试问话：（1）你曾经是如何推动业务发展的？（2）你在工作中用到了哪些自己的长处？（3）你采取了什么样的步骤来帮助该项目发展？（4）你改变或者改善了什么工作程序？（5）当时的条件和环境如何？（6）你为什么要那么做？（7）你如何评价结果？（8）你未来应该如何提高团队业绩？

● 团队意识之测试问话：（1）请描述出你领导团队的经历和感受；（2）你心目中的理想团队是什么样的？（3）你的团队最欣赏你哪些方面，为什么？（4）你是如何看待制度和人性化管理的？（5）哪些词最能描述你的性格？（6）举例说明这些性格对你在团队协作方面有哪些帮助和障碍？

● 协调影响之测试问话：（1）在你的团队疲惫时期你做了什么？（2）用事实证明你应当何时改变他人的想法？（3）为什么要这样做？效果如何？（4）如果团队成员怀疑你，怎么办呢？（5）你对公司各部门关系如何评价？（6）你在公司部门之间扮演了什么角色？（7）当工作的最后期限来临时，你会做什么？（8）当员工对公司的目标、制度、方法、计划提出质疑的时候，你怎么办？你是怎么想的？你做了哪些事情？做了以后效果如何？

温馨提示：情景图任务的参考答案线索和思路都隐含在情景图和任务纸中，请根据问题用手机自查资料或案例，各团队按抽签顺序上台讲解、答辩和互动。

第三模块：创业经营管理训练之1
《人力资源与人才获取》翻转课堂情景图任务 B

参见第87页翻转课堂情景图，根据实际情况选择任务，在团队讨论基础上，成员分工合作，在任务纸或大画纸上完成。

■ **招聘与人才** 参见第87页情景图E，完成以下任务并翻转课堂：
1. 结合企业和团队具体情况，用实际案例分享你对"招聘"的理解。
2. 举例阐述：企业和团队如何才能吸引一流的人才加盟？

■ **企业和门店在什么时候要招人？**
参见第87页情景图F，完成以下任务并翻转课堂：
1. 举例阐述：拓展新业务和开新店需要招哪些类型的人才？
2. 举例阐述：企业储备人才需要具备什么条件？
3. 举例阐述：公司变革时需要招哪些类型的人才？
4. 举例阐述：企业淘汰内部平庸人员需要招哪些类型人才？

课程思政
团队讨论：
创业人才与企业人力资源管理，人才与国家战略发展有哪些关联？

■ **企业和门店的招人途径** 参见第87页情景图G，完成以下任务并翻转课堂：

1. 举例阐述：企业和门店招人有哪些途径？最有效的途径有哪些？

2. 举例阐述：为什么小企业很难招到适合的能创造很大价值的人才？

■ **STAR星星闪烁招聘问话技术** 参见第87页情景图H，完成以下任务并翻转课堂：

1. 举例阐述：STAR星星闪烁招聘问话技术需要掌握哪些要点？

2. 举例阐述：如何从问话去判断一个人面试的时候是否说谎？

■ **品红酒与品人** 参见第87页情景图I，完成以下任务并翻转课堂：

在企业招人和团队训练当中，用品红酒的方法去品人和判断人。其流程如下：（1）观察悬浮物：看眼神，一个人的眼神飘忽不定不可能成就事情，眼神要坚定，神定则心定，心定则事定。（2）观察挂杯：看经历，新鲜纯正的干红葡萄酒挂杯多、厚，挂杯轻秒：黏稠度、浓度、糖度，通过看经历评其胜任能力。（3）摇荡气息（醒酒）：看价值观。这个人的工作周期是短期的还是长期的，是以利益为导向还是以价值为导向？是服从型的还是张扬型的？不是用好坏来评价的，要看与企业发展适合不适合。（4）用舌细品，回荡细味：看性格。红酒晃了以后沉淀下去，从舌尖轻轻呷，在口腔中细细回荡三圈，写下第一次感受，再吃点面包喝点矿泉水，再品第二次，写下第二次感受，连续三次，评估报告就基本出来了。看人亦然。

学习心得

根据任务的难度和完成的质量、数量、创新性、相关性、匹配程度等，给予具体评分： 90-99、80-89、70-79、60-69、50-59、40-49、30-39、0-29。未做任务者计0分。

"十四五"职业教育国家规划教材

以成果为导向的情景式可视化创新创业训练系统

创新创业课程资源库
案例 ● 教案 ● 音视频 ● PPT课件 ● 电子教材
策划方案 ● 课程思政资料和图片 ● 创业计划书

扫描二维码，学习二十大主要精神

模块三：创业经营管理训练 之 2

股权结构设计与多种激励机制

模块三：创业经营管理训练之 2
股权结构设计与多种激励机制

·可视化翻转课堂图·

A 股权设计错误可能引发的后果
（创业团队股权设计没有如果，只有结果和后果）

- **A1** 均分股权　谁都是老大，但谁说的都不算
- **A2** 按出资比例分配　核心技术人员和经营人才容易流失
- **A3** 一山二虎形成博弈格局　较大股东争抢小股东形成内耗
- **A4** 没有设计退出机制　合伙人容易出走变成竞争对手
- **A5** 压倒性的独大　绝对的领导也是绝对的劳累

B 股权与创业团队价值创造

- **B1** 心在一起
- **B2** 目标坚定
- **B3** 技能互补
- **B4** 相互配合
- **B5** 各负其责
- **B6** 力聚一处
- （中心）股权设计 股权激励

C 股权设计有什么用途？
（股权是创业和创建公司的第一堂课也是最后一堂课，如果不懂股权，开始就决定了结束）

- **C1** 公司治理
- **C2** 拓展市场
- **C3** 股东管控
- **C4** 股权融资
- **C5** 股权激励
- **C6** 整合上下游
- **C7** 兼并收购
- **C8** 上市 IPO
- **C9** 原始积累　从0到1000万隔座山
- **C10** 股权设计　从1000万到1个亿隔张纸
- **C11** 胸怀与格局　从1个亿到10个亿提口气

D 股权设计8条线

- **D1** 1%股权　可申请开股东会、监事会；代位诉讼权
- **D2** 3%股权　临时提案权
- **D3** 5%股权　上市公司重大股东变动警示线
- **D4** 10%股权　可申请解散公司
- **D5** 20%股权　界定同业竞争的权利
- **D6** 34%股权　有一票否决权
- **D7** 51%股权　有相对控制权
- **D8** 67%股权　有完全控制权

E 有正效的股权设计参考

以股权为媒介，建立股权激励机制：(1) 人才愿意来；(2) 股东不内讧；(3) 能激励和留住出色员工；(4) 投资方看见股权结构愿意投。

- 方案A：**E1** 创始人（老大股）52% **E2** 合伙人股33% **E3** 员工股15%
- 方案B：**E4** 创始人（老大股）67% **E5** 合伙人股18% **E6** 员工股15%

F 主要股东分类与股权比例参考

- **F1** 战略股东　股权相加不超过5%
- **F2** 资源股东　股权相加不超过10%
- **F3** 技术股东　股权相加不超过20%
- **F4** 核心高管　股权相加不超过30%
- **F5** 创始人及团队　股权相加超过51%

G 多种激励机制

工资是给能力的，奖金和提成是给努力的，股权是给既有能力又努力同时对企业忠诚、与企业共同成长、不离不弃的。

- **G1** 工资
- **G2** 奖金
- **G3** 提成
- **G4** 培训
- **G5** 晋升
- **G6** 福利
- **G7** 良好工作环境
- **G8** 长效奖金（奖金池）
- **G9** 股权激励（业绩股票、股票期权、虚拟股票、股票增值权、限制性股票、延期支付、经营者/员工持股、管理层/员工收购、账面价值增值权）
- **G10** 年薪制
- **G11** 利润中心
- **G12** 投资共同体
- **G13** 经理期权
- **G14** 综合复利
- **G15** 职业生涯规划

初创型企业股权规划

【问题聚焦】

股权分配是影响创业成败的关键因素之一。由于各个创始人在资金、场地、技术、销售渠道、关系网络等方面资源贡献性质是不同的，很难进行直接的比较，比如：不能说资金比销售能力更重要，或销售渠道比研发能力的贡献更大。因此，在创业型公司成立之初，就需要进行股权规划，即以一种合理的方式构建股权结构。

企业的成功不是一蹴而就的，它需要每个参与创业的员工长期为企业创造价值，通过不断努力逐渐将企业做大做强。所以，在进行股权规划时，可以从企业长期发展的维度上来明确每位创始人的股权比例，比如按照项目及融资进程等来逐步增加其股权，这可以对创始人创造价值的能力进行长期考核，使股权分配更加合理。做股权规划时，既要为加入的新人才预留一定的股权，也要防止期权池内的股权被透支。

【初创型企业创业初期股权规划方法探讨】

● 预估法。企业成立之初，根据各个创始人在企业运营中的职能角色，估算其在企业以后运行中可能的价值贡献，并以此作为分配股权比例的依据。估算法计算公式为：某个创始人的股权比例=该创始人的投入估值÷全体创始人的投入估值。比如：某个创业项目中，甲乙丙三个创始人可以提供的要素分别为：企业整体的运营管理、具体的事务性工作以及25万元的现金支持，且甲乙第一年都不支取工资。另外，由于资金是该项目最为紧迫的资源，因此团队同意丙的投入估值按资金的两倍计算。同时，根据时下的市场行情，在同等条件和职位下，甲、乙的年薪分别为60万元和20万元。综上，甲乙丙三人的贡献估值，就分别为60万、20万和50万。三方总的投入估值为130万元。根据上面的计算公式，就可以得出三人的股权比例分别为46%、15%和39%。

● 定期估算法。即按照一定的周期（可以是一个月或者一个季度，具体计算周期要根据企业实际的运营情况和需要），对创始人在这个时间内的资源投入进行估值，进而根据比例确定股权分配。随着企业在第一年的运营情况，以及总投入的累加，各方每个定期的投入估值为自己所增加的股权比例会逐渐降低，直到一年期满将最后的比例确定下来。这种动态的股权分配方案（先签署好协议），更能够凸显创始人贡献的变化，也体现了创业公司在创业第一年的资源需求情况。

温馨提示：情景图任务的参考答案线索和思路都隐含在情景图和任务纸中，请根据问题用手机自查资料或案例，各团队按抽签顺序上台讲解、答辩和互动。

第三模块：创业经营管理训练之2
《股权结构设计与多种激励机制》
翻转课堂情景图任务 A

参见第93页翻转课堂情景图，根据实际情况选择任务，在团队讨论基础上，成员分工合作，在任务纸或大画纸上完成。

■ 股权设计错误可能引发的后果
参见第93页情景图A，完成以下任务并翻转课堂：
1. 举例阐述：股权设计错误可能引发哪些后果？
2. 结合企业和团队项目举例阐述：分钱不均和无钱可分哪个后果更严重？为什么？
3. 结合企业和团队项目举例阐述：找对人、做对事、分对钱与股权设计有什么关联性？

■ 股权与创业团队价值创造
参见第93页情景图B，完成以下任务并翻转课堂：
1. 结合案例阐述：什么样的创业团队能够创造价值？
2. 结合案例阐述：股权设计与股权激励与创业团队价值创造有哪些关联性？

股权设计有什么用途？ 参见第93页情景图C，完成以下任务并翻转课堂：

1. 举例阐述：为什么说"股权是创业和创建公司的第一堂课也是最后一堂课，如果不懂股权，开始就决定了结束"？

2. 举例阐述：对一个企业的良性经营和持续发展而言，股权设计有哪些用途？

3. 举例阐述：股权设计对自己的企业和团队项目运营最大的作用是什么？为什么？

4. 举例阐述：企业原始积累、股权设计、胸怀与格局这三者之间有什么关联性？

学习心得

根据任务的难度和完成的质量、数量、创新性、相关性、匹配程度等，给予具体评分：90-99、80-89、70-79、60-69、50-59、40-49、30-39、0-29。未做任务者计0分。

企业激励机制

【问题聚焦】

企业激励机制是指通过企业特定的方法与管理体系，实现员工对组织价值贡献最大化的过程。人才已成为企业确立竞争优势，把握发展机遇的关键。"重视人才，以人为本"的观念已牢牢树立。但中小型企业在使用人才过程中运用激励机制的方式较单一，主要表现有：（1）忽视企业人才激励的多样性，不够注重人才的长期激励；（2）激励的随意性大，没有制度保障；（3）薪酬体系比较单一；（4）在对中小企业管理过程中，常常采用正激励来提高员工的工作绩效水平，而忽略了合法负激励的互补效应。

【企业激励机制主要形式】

● 物质激励。物质激励主要通过物质刺激的手段，鼓励员工工作，其主要形式包括工资、奖金、津贴、年薪、股票期权、利润分成等。合理的薪酬制度直接影响到员工切身利益和员工的积极性。

● 目标激励。组织目标是通过各个群体以及个体的共同努力来实现的，目标具有引发、导向、激励的作用，企业管理者可以通过将组织的总目标按阶段分解成若干子目标，以此达到调动员工工作积极性的目的。合理、可行的目标设置与员工切身利益密切相关；既要有近期生存目标又要有远期发展目标，看得见目标就看不见障碍。

● 信任激励。是激励主体用自己的信任、鼓励、尊重、支持等情感对激励对象进行激励的一种模式，是最持久和最深刻的激励方式之一。实践证明，管理者一个期待的目光，一句信任的话语，一次真诚的帮助，都能使员工自信起来，管理者的信任在很大程度上能发挥员工的积极性和创造性，提升员工和企业绩效水平。

● 情感激励。是企业通过建立一种人与人之间和谐良好的感情关系，来调动员工积极性的方式。企业领导者要及时了解并主动关心员工的需求以建立起正常、良好、健康的人际关系、工作关系，从而营造出一种相互信任、相互关心及支持、团结融洽的工作氛围，以增强员工对企业的归属感。

● 榜样激励。树立企业员工榜样有利于企业形象的提升，如通过宣传优秀或模范员工的行为，能激发其他员工的情绪，引发员工的"内省"与共鸣，从而起到强烈的示范作用，引导其他员工行为。

● 奖罚激励。表扬、赞赏、晋级和批评、处分、开除等都分别是奖励和惩罚的一些常见形式。赞赏是一种由外在动力转化为内在动力的较好形式，不受时间、地点、环境的限制。奖罚措施应用得当，将会发挥较大的激励效应。

> **温馨提示**　情景图任务的参考答案线索和思路都隐含在情景图和任务纸中，请根据问题用手机自查资料或案例，各团队按抽签顺序上台讲解、答辩和互动。

第三模块：创业经营管理训练之2

《股权结构设计与多种激励机制》
翻转课堂情景图任务 B

参见第93页翻转课堂情景图，根据实际情况选择任务，在团队讨论基础上，成员分工合作，在任务纸或大画纸上完成。

■ **股权设计8条线**　参见第93页情景图D，完成以下任务：
　1. 举例阐述：股权设计有哪8条操作要点？
　2. 举例阐述：在股权设计8条线中，自己企业和团队项目需要坚守的底线是什么？为什么？

■ **有正效的股权设计参考**
参见第93页情景图E，完成以下任务并翻转课堂：
　1. 结合案例阐述：什么样的创业团队能够创造价值？
　2. 结合企业和团队项目实际情况，设计出2种以上的正效股权结构比例。

课程思政

团队讨论：
　企业财富创造与国家财富创造的关系。

■ **主要股东分类与股权比例参考** 参见第93页情景图F，完成以下任务并翻转课堂：

1. 举例阐述：有哪些类型的股东？这些股东在股权比例分配上有哪些操作要求？

2. 举例阐述：创始人及团队在融资稀释股权的过程中如何掌握企业控制权？

■ **多种激励机制** 参见第93页情景图G，完成以下任务并翻转课堂：

1. 举例阐述：企业和项目团队激励员工的方式有哪些？

2. 举例阐述：在企业和项目团队激励员工的方式中，哪些是短效机制？哪些是中效机制？哪些是长效机制？为什么？

3. 举例阐述：如何理解"工资是给能力的，奖金和提成是给努力的，股权是给既有能力又努力同时对企业忠诚、风雨同舟、不离不弃的"。

学习心得

根据任务的难度和完成的质量、数量、创新性、相关性、匹配程度等，给予具体评分： 90-99、80-89、70-79、60-69、50-59、40-49、30-39、0-29。未做任务者计0分。

"十四五"职业教育国家规划教材

以成果为导向的情景式可视化创新创业训练系统

创新创业课程资源库

● 案例 ● 教案 ● 音视频 ● PPT课件 ● 电子教材
● 策划方案 ● 课程思政资料和图片 ● 创业计划书

扫描二维码,学习二十大主要精神

模块三:
创业经营管理训练 之 3
企业运营与模块组合

模块三：创业经营管理训练之 3
企业运营与模块组合
可视化翻转课堂图

A 初创型企业组织运营过程

A1 创始人
- 梦想
- 对内：精神领袖、战略制定、组织提升
- 对外：资源整合、融资造势、品牌宣传
- 合伙人：互补、包容、信任、共同愿景

创始人是公司的基础和灵魂，创始人的远见决定公司未来的高度，创始人的天花板也是公司的天花板。

A2 初创阶段组织运营
- 运营基础：
  - 吸引出色人才在企业停留到合理的时间
  - 在合适人才的基础上打造有执行力和凝聚力的高效团队
  - 以市场需求为导向解决生存问题，将产品和销售放在首位
- 组织架构：分工协作、权责匹配
- 组织制度：信息开放、财务授权
- 组织环境：激励制度、精神奖励

A3 成长阶段组织运营
- 运营基础：
  - 总结自身发展过程中积累的优秀经验，形成企业文化，通过言传身教方式对新进成员自上而下、由老到新进行传承
  - 通过考核指标等方式评估员工思维和业务能力是否达标
  - 组织结构设计要保证员工的注意力和公司战略紧密关联
- 组织架构：增加层级、系统模块
- 组织制度：筛选制度、发展制度
- 组织环境：核心价值观、人才培养

A4 成熟阶段组织运营 
- 突破边界
- 竞争求异
- 竞争趋优
- 组织外部生态圈 + 组织内部生态圈

B 互联网企业日常运营要点
（产品确定方向，运营实现方向。通过运营数据建立迭代反馈机制，根据数据反馈迭代信息进行业务决策并优化组织架构，进而打造高效的互联网企业运营体系）

B1 产品：用户、需求、价值、连接、频次、链条、驱动

B2 前端运营（用户端运营）
- 内容运营：定位产品、内容和格调，把控更新频率和内容质量，引导社区氛围，策划制造热点话题，维护优质PGC（专业生产内容，如视频网站、微博等）生产者和MCN（一种多频道网络的产品形态，如美食、游戏、美妆、网红商品等）合作者关系。
- 用户运营：制定用户层级体系和社区规则，收集用户需求，服务KOL（关键意见领袖）关键用户，针对不同生命周期的用户制定不同运营策略，吸引新用户、活跃老用户、唤回流失用户。
- 活动运营：活动具备传播性和互动性，可以转化新用户并活跃老用户，活动运营分为短期让利促销、长期黏性参与等。

B3 后端运营（供应端运营）
- 供应链运营：供应链运营包括供应、制造、运输、零售等各个主体系统，保障正确的产品，在正确的时间，按照正确的数量、质量和状态送达正确的地点，并尽量降低这一过程所耗费的成本。
- 服务链运营：服务链运营是以客户需求为核心，通过产品功能把咨询、政府、银行、保险、维修、事务代理、转让等相关服务组织起来，形成完整的消费服务网络。
- 数据链运营：基于数据处理的AI技术已经可以做到代替部分人的工作，人工智能替代人工成本现在在方方面面的工作替代，主要体现为产品前端的用户体验不变甚至更好，曾经需要很多人工成本的工作，变为低成本甚至成本趋于零。

C 电商运营技巧与方法

C1 定位
- 我有什么产品？
- 我要卖给谁？
- 谁和我竞争？
- 我有什么优势？
- 我的店铺类型？旗舰店、专卖店、淘宝企业店或C店？

如果没有清晰的定位、没有差异化和优质的产品、没有一定需求度和需求量的消费群体，建议不要开店。

C2 顾客
- 成为被自己店铺产品吸引的第一位顾客
- 店铺要有故事去吸引顾客
- 满足细分顾客的最大需求
- 用顾客思维去考虑店铺如何运营
- 建立微信群、QQ群，经常和顾客互动
- 跳出自己的喜好去看顾客反应

C3 产品
- 产品质量好 · 用户体验好 · 自用和送人有面子
- 吸引力越高的产品越容易卖高价，吸引力越低的产品越难卖高价。如何提高品牌吸引力？
- 提高质量、提高功能、提高服务、提供赠品、提高品牌知名度
- 不要轻易销售利润率低的产品
- 利润率高的产品不一定不畅销
- 决定利润率的第一个因素是价值
- 决定利润率的第二个因素是吸引力
- 决定利润率的第三个因素是成本
- 决定利润率的第四个因素是竞争

成本越高利润率越低，在成本越低利润率越高。降低成本的方法有：（1）寻找更上游的货源；（2）大批量进货；（3）部分工作使用兼职员工；（4）入社群抱团可以申请做团购。

竞争越大的产品越容易出现价格虚高导致利润率低，竞争越小的产品越容易出现高利润率。

C4 运营
1. **提高转化率**
   - 提高产品吸引力，可从产品定价、页面描述、赠品、附加价值等方面考虑
   - 提高页面的美观度
   - 提高好评的数量和质量，不要出现零销量的产品
   - 提高好评的数量和质量，降低中差评量
   - 多跟顾客互动
   - 提高客服的聊天技巧

提高店铺动态评分（DSR）和好评率的核心是提高客户满意度。提高的方法有：（1）产品质量过关；（2）发货速度过关；（3）购物体验好；（4）客服回复及时态度好；（5）售后问题处理得当；（6）赠品多或收到让客户惊喜。

2. **提高流量**
   - 付费推广
   - 参加优质推广活动
   - 关键词竞争度影响自然搜索流量

影响关键词竞争度主要因素是产品销量、DSR卖家服务评级系统动态评分、好评率，这三点就要开始不容忽视。

C5 推广
推广的核心是点击率

如何提高点击率？
准确判断最吸引顾客的元素是质量、价格、品牌还是其他？
通过客户聊天及顾客购物后的评语细节当成出现多频率的词汇，把最吸引顾客的元素做成店内的文案，做确定测试，最终选出点击率高的素材。

C6 竞争
通过提高店铺的利润率、点击率、转化率和提高店铺的访客价值来提高自身竞争力。
- 提高产品的吸引力，从而提高转化率
- 围绕顾客需求扩充产品，做好关联销售，提高复购率
- 把老顾客物质和活动升级、联合消费、朋友复购等

客服的基本技能
响应速度、打字速度、产品熟悉程度

C8 客服的核心职责
- 引导购物
- 消除顾客下单的疑虑
- 处理中差评的售后问题
- 中差评追加、加入联合回复等差评转化等

C7 数据分析
"支付转化率"是店铺最核心的数据，如果没有支付转化率，其他的一切都无从谈起。
店铺的"支付转化率"由具体商品的"支付转化率"决定
提高店铺"支付转化率"先提高具体商品的"支付转化率"
- "支付转化率"要大于"同行同层平均"
- "支付转化率"越高，访客价值越高
- "支付转化率"越高，访客价值不会差

先提高"支付转化率"再提高"访客数"，会起到事半功倍的效果。

D 互联网721运营原则

D1 一个超级产品会占据 70%的份额

D2 第二名占据20%的份额

D3 其余10%由众多产品分食

E 网店如何打造爆款产品

- 了解顾客群的需求
- 提高产品的价值
- 提高页面的吸引力
- 优化商品标题
- 适量刷单并优化好评价
- 通过CRM客户管理系统或者淘宝钻展通知老顾客购买
- 通过直通车、钻展等方式带来一定的精准流量
- 提高关键词排名增加更多自然流量
- 通过店内关联推荐，给爆款更多销量
- 参加"聚划算"等高质量的活动带来更多销量
- 分析流量来源并提高转化率较高的流量来源
- 用同样的方式打造更多的爆款并进行关联销售
- 长期维持比同行稍高的流量和销量以便做成长期爆款

企业运营模式

【问题聚焦】

企业运营模式背后是企业生存赢利的关键要素和要素之间的逻辑关系，它决定着一个企业的市场经营成果；能否找到适合企业经营需要的企业运作模式并不断完善决定着一个企业能否有未来。不同的企业运营模式具有不同的赢利潜力和竞争优势，它为企业所带来的竞争优势最终可以归结为能为顾客创造更多的价值。

【企业主要运营管理模式的探讨】

● 选择适合的企业组织管理形式。企业组织形式主要有三种：个人独资企业、合伙企业、公司制企业。适合的企业管理形式能有效地配置企业内部的有限资源，如将有限的人力资源组成规则清晰的责权结构和人员结构，以确保实现组织共同目标。

● 流程运营管理模式。提高企业效率的关键是流程，将企业的行为视为一个流程集合，对这个集合进行管理和控制，强调全过程的协调及目标化。每一件工作都是流程的一部分，是流程的节点，它的完成必须满足整个流程的时间要求，时间是整个流程中最重要的标准之一。学会运用思维调理工作排序，安排合理的时间进程，限定目标数量以及完成时间，这样才能高效地完成工作。

● 文化管理模式。企业文化管理从管理核心切入，由领导团队和管理团队引导并身体力行，围绕核心价值观驱动要素，从组织和个人出发，致力全面改善组织状态。企业文化管理模式主要有：（1）一元型文化管理模式（集团各子公司在业务上一致，在公司愿景、价值观与行为的标准上没有大的外在文化差异，文化管理的内容和方式一致）；（2）多元型文化管理模式（母公司强调对文化的认同以及文化管理的模式，特别注重共同价值观的管理。这种类型的文化管理模式一般是采取多元化战略的集团公司，尤其是跨行业或产业组成的集团公司）；（3）离散型企业文化管理模式（母公司对子公司的控制主要是硬性的，如财务制度、投资制度、人力资源制度等，企业文化的软性管理模式比较少，或者既不规范也比较零散，在实际管理模式中很少使用）。

● 制度化管理模式。指按照已经确定的制度和带有契约型的规则来推动企业管理，这些制度和规则应是带有权责利对称性的。制度管理就是一只无形的手，约束企业员工行为，若有违反便会受到处罚；另一方面，带有权责利的制度的实施会给日常工作带来便利。

温馨提示：情景图任务的参考答案线索和思路都隐含在情景图和任务纸中，请根据问题用手机自查资料或案例，各团队按抽签顺序上台讲解、答辩和互动。

第三模块：创业经营管理训练之3

《企业运营与模块组合》翻转课堂情景图任务 A

参见第99页翻转课堂情景图，根据实际情况选择任务，在团队讨论基础上，成员分工合作，在任务纸或大画纸上完成。

■ 初创型企业组织运营过程

参见第99页情景图A，完成以下任务并翻转课堂：

1. 结合企业和团队实际情况举例阐述：你们企业或项目团队创始人是谁？是否符合创始人的基本要求？

2. 举例阐述：为什么说"创始人的天花板就是企业和团队的天花板"？

3. 举例阐述：企业初创阶段组织运营有哪些要求和操作要点？

4. 举例阐述：企业成长阶段组织运营有哪些要求和操作要点？

5. 举例阐述：企业成熟阶段组织运营有哪些要求和操作要点？

互联网企业日常运营要点　　参见第99页情景图B，完成以下任务并翻转课堂：

1. 举例阐述：你对以下这句话是如何理解的？

"产品确定方向，运营实现方向。通过运营数据建立迭代反馈机制，根据数据反馈迭代信息进行业务决策并优化组织架构，打造高效的互联网企业运营体系。"

2. 举例阐述：互联网企业打造产品有哪些要求和操作要点？

3. 举例阐述：互联网企业在用户端运营方面有哪些要求和操作要点？

4. 举例阐述：互联网企业在供应端运营方面有哪些要求和操作要点？

学习心得

根据任务的难度和完成的质量、数量、创新性、相关性、匹配程度等，给予具体评分：90-99、80-89、70-79、60-69、50-59、40-49、30-39、0-29。未做任务者计0分。

网店运营

【问题聚焦】

网店运营指主要电子商务平台的运营和维护，包括：市场调研、市场开店、官方网店运营和管理、品牌营销、资金流、物流、分销体系的建设与维护、会员营销、数据分析、促销、销售和售后服务等。

网店运营要解决网店经营中所面临的各种问题，要站在顾客的角度想清楚他们需要什么样的产品或者服务，如何去满足他们的需求。数据分析是了解顾客需求和运营状况很重要的工作，因而在网店运营中占有很重要的地位。

【网店运营主要工作探讨】

● 分析整理市场需求和进行爆款数据追踪。网络上每天的数据都不一样，数据几乎都是瞬间变化。网店运营商要做好数据追踪和数据分析的工作，收集自己店铺产品信息，根据顾客访问次数与时间，找出爆款商品，让商店顺应市场需求，及时更新商品。

● 引入流量并推进转化。有效引流是衡量网店运营能力的决定性因素。有了一定流量，要将流量转换为销量。要分析顾客购买和不购买的原因（如价格、商品、店面装修、商品说明、促销、包装营销、客服营销等），并针对性地进行优化，以提高转化率。

● 客服管理。优化客服服务，提高客服水平，打造优秀的客服团队，并通过客服反映的问题，优化产品。客户管理中有一项重要的工作是如何维护老顾客。老顾客能不断为店铺创造利润，在店铺经营中占有重要地位。为了维护老顾客，需要建立完善的顾客信息，对顾客进行分类，并根据顾客群的不同特点制定不同的营销计划。

● 岗位沟通与协调。网店运营有不同的岗位，如产品采购、销售与售后等，需要及时沟通与协调。营销部门要特别注重与美工沟通，打造优美、有吸引力的网店环境氛围。

● 营销策划。网店运营需要根据不同的销售季节制定营销策划方案，不断提升产品促销和店铺引流效果。

● 店铺检查与商品管理。每日定期更新商品库存，了解商品出售与退货情况，得出相应数据，及时管理商品，清理库存。店铺检查要点有：买家评价、无线端主图、详情页检查、爆款搭配、单品推荐效果等。

温馨提示：情景图任务的参考答案线索和思路都隐含在情景图和任务纸中，请根据问题用手机自查资料或案例，各团队按抽签顺序上台讲解、答辩和互动。

第三模块：创业经营管理训练之3
《企业运营与模块组合》
翻转课堂情景图任务 B

参见第99页翻转课堂情景图，根据实际情况选择任务，在团队讨论基础上，成员分工合作，在任务纸或大画纸上完成。

■ **电商运营技巧与方法** 参见第99页情景图C，完成以下任务：

1. 举例阐述：电商运营如何定位？

2. 举例阐述：电商运营如何寻找和吸引顾客？

3. 举例阐述：电商运营如何打造产品？

4. 举例阐述：电商运营如何提高转化率和流量？

5. 举例阐述：电商运营如何做推广？

6. 举例阐述：电商运营如何提升竞争力？

7. 举例阐述：电商运营如何进行数据分析？

8. 举例阐述：电商运营如何做客服？

■ 互联网721运营原则　　参见第99页情景图D，完成以下任务并翻转课堂：

1. 举例阐述：什么是互联网721运营原则？

2. 举例阐述：721运营原则如何运用到员工管理和客户管理上？

■ 网店如何打造爆款产品？　　参见第99页情景图E，完成以下任务并翻转课堂：

1. 举例阐述：你知道的网店品牌和爆款产品有哪些？请列举不少于20种。

2. 举例阐述：如果你经营一家卖休闲食品的网店，可以通过哪些途径和方法打造爆款产品？

学习心得

根据任务的难度和完成的质量、数量、创新性、相关性、匹配程度等，给予具体评分： 90-99、80-89、70-79、60-69、50-59、40-49、30-39、0-29。未做任务者计0分。

"十四五"职业教育国家规划教材

以成果为导向的情景式可视化创新创业训练系统

创新创业课程资源库

案例 ● 教案 ● 音视频 ● PPT课件 ● 电子教材
策划方案 ● 课程思政资料和图片 ● 创业计划书

扫描二维码,学习二十大主要精神

模块三:
创业经营管理训练 之 4
经营现金流与财务报表

模块三：创业经营管理训练之 4
经营现金流与财务报表

·可视化翻转课堂图·

A 现金流与周转率

现金流出
- 购买商品 · 接受劳务
- 现金投资 · 偿还债务
- 购建固定资产

现金流入
- 销售商品 · 提供劳务
- 收回投资 · 借入资金
- 出售固定资产

A1 现金流是企业一定时期的现金和现金等价物的流入和流出的数量。

衡量企业经营状况是否良好，是否有足够的现金偿还债务，资产的变现能力等，现金流量是非常重要的指标。

A2 现金周转率 
现金周转率是指企业主营业务收入与现金平均余额的比率。

$$现金周转率 = \frac{主营业务收入}{现金平均余额}$$

现金平均余额=(期初现金+期末现金)/2

持有现金主要目的：满足日常交易需要，作为流动储备以弥补现金流入和流出不平衡时出现的短缺。

较高的现金周转率意味着企业对现金的利用效率较好，但并不说明这一比率越高越好。

一个企业的现金周转率是否恰当，现金持有量是否合理，应当充分考虑企业的行业性质和业务性质，最基本的方法是在流动性与社会期望报酬率之间进行权衡。

A3 现金流与利润率哪个更重要？
现金流直接影响企业能否运营，解决的是企业的生存第一要务。在有了稳定的现金流后，可以通过打造差异化产品来提高利润。

B 企业战略与现金流、利润

企业在生存得以实现后，通常可以选择两种主导战略：

B1 成本战略
成本战略往往通过提高周转率使得现金流充足。

B2 差异化战略
差异化战略则通过自身的特色，带给顾客愿意为之付出更高溢价的意愿，企业利润提高而获利。

C 现金流运转流程图

C1 净利润 → **C2** 假设摊销折旧比例 非现金 → **C3** 假设利息和投资收益 非运营 → **C4** 资产负债表运营资金项目变化 流动资金 → **C5** 经营现金流

C7 资产负债表负债及股东权益 筹资现金流 ← **C6** 资产负债表固定及无形资产 投资现金流

经营 / 投资 / 筹资

利息支出

C8 现金变化 → 资产负债表现金部分

D 利润表要素
（利润表是反映企业在一定期间内生产经营成果的会计报表）

D1 销售额 → 销售额增长率 → 单价增长率 / 销售增长率
毛利率

D2 毛利
费用率 → 销售费用 / 管理费用 / 其他运营费用

D3 运营利润 → 财务费用 / 营业外收入 / 营业外支出

利润表依据实际数据计算，或在基本假设基础上进行预测。

D4 税前利润 → 税率

D5 净利润

E 资产负债表要素
（资产负债表也称财务状况表，表示企业在一定日期的财务状况，是企业经营活动的静态体现）

平衡公式 ➡ 资产 = 负债 + 所有者权益

E1 资产
现金流量表现金变化	现金及等价物
按销售额假设比例	应收帐款
按销售额假设比例	存货
按销售额假设比例	其他流动资产
现金流量表折扣 / 现金流量表投资部分	固定资产
现金流量表摊销 / 现金流量表投资部分	无形资产
现金流量表经营部分 / 现金流量表投资部分	商誉
现金流量表经营部分 / 现金流量表投资部分	其他固定资产

E2 负债
现金流量表筹资部分	短期借款
按销售额假设比例	应付款项
现金流量表筹资部分	长期借款
按销售额假设比例	其他非流动负债
现金流量表筹资部分	资本及公积
现金流量表筹资部分 / 利润表归属股东净利润	存留收益
现金流量表筹资部分 / 利润表少数股东净利润	少数股东权益
	股东权益

F 企业"三个报表"财务模型

一个企业可以负债经营，也可以亏本经营，但账面上必须有钱维持企业正常运转。现金流入不足可能会使企业由于资金短缺（资金链断裂）而倒闭，所以现金流对一个企业而言是命脉所在。

F1 现金流量表 → **F2 利润表 / 经营损益表** → **F3 资产负债表**

- 用杜邦分析法进行财务质量控制
- 用综合分析法进行财务质量控制

- 用资产负债平衡法进行财务质量控制
- 用数据输入假设与验证法进行财务质量控制

- 比较净利增长率与ROE净资产收益率进行财务质量控制
- 运用经营杠杆（运营杠杆）进行财务质量控制

财务分析主要工作内容

【问题聚焦】

财务分析是以会计核算和报表资料及其他相关资料为依据，采用一系列专门的分析技术和方法，对企业等经济组织过去和现在有关筹资活动、投资活动、经营活动、分配活动的盈利能力、营运能力、偿债能力和增长能力状况等进行分析与评价的经济管理活动。它是为企业的投资者、债权人、经营者及其他关心企业的组织或个人了解企业过去、评价企业现状、预测企业未来以做出正确决策，提供准确信息或依据的一种金融财会技能。

【财务分析主要工作内容】

● 资金运作分析。根据公司业务战略与财务制度，预测并监督公司现金流和各项资金使用情况，为公司的资金运作、调度与统筹提供信息与决策支持。

● 财务政策分析。根据各种财务报表，分析并预测公司的财务收益和风险，为公司的业务发展、财务管理政策制度的建立及调整提供依据。

● 经营管理分析。参与销售、生产的财务预测、预算执行分析、业绩分析，并提出专业的分析建议，为业务决策提供财务支持。

● 投资与融资管理分析。参与投资和融资项目的财务测算、成本分析、敏感性分析等活动，配合上级制定投资和融资方案，防范风险，并实现公司利益的最大化。

● 财务分析报告。根据财务管理政策与业务发展需求，撰写财务分析报告、投资财务调研报告、可行性研究报告等，为公司财务决策提供分析支持。

【财务分析主要方法】

● 比较分析法。通过对比两期或连续数期财务报告中的相同指标，确定其增减变动的方向、数额和幅度，来说明企业财务状况或经营成果变动趋势的一种方法。比较分析法的具体运用主要有重要财务指标的比较、会计报表的比较和会计报表项目构成的比较三种方式。

● 比率分析法。是通过计算各种比率指标来确定财务活动变动程度的方法。比率指标的类型主要有构成比率、效率比率和相关比率三类。

● 因素分析法。是依据分析指标与其影响因素的关系，从数量上确定各因素对分析指标影响方向和影响程度的一种方法。因素分析法具体有两种：连环替代法和差额分析法。

> **温馨提示**：情景图任务的参考答案线索和思路都隐含在情景图和任务纸中，请根据问题用手机自查资料或案例，各团队按抽签顺序上台讲解、答辩和互动。

第三模块：创业经营管理训练之4
《经营现金流与财务报表》翻转课堂情景图任务 A

> 参见第105页翻转课堂情景图，根据实际情况选择任务，在团队讨论基础上，成员分工合作，在任务纸或大画纸上完成。

■ 现金流与周转率 参见第105页情景图A，完成以下任务：

1. 举例阐述：什么是现金流？现金的流入和流出对企业经营状况有哪些影响？
2. 举例阐述：什么是现金周转率？如何计算现金周转率？
3. 举例阐述：如果让你在现金流和利润率当中选择一个，你会选择哪一个？为什么？

■ 企业战略与现金流、利润

参见第105页情景图B，完成以下任务并翻转课堂：

1. 举例阐述：企业经营可以采取哪些战略？列举不少于8种。现阶段，你认为最适合你的企业的战略是什么？为什么？
2. 举例阐述：哪些企业战略与企业现金流和利润有紧密关联？为什么？

课程思政

团队讨论：
大学生在创业过程中如何为国家繁荣富强做出贡献？

■ **现金流运转流程图** 参见第105页情景图C，完成以下任务并翻转课堂：

1. 净利润
2. 假设摊销折旧比例 — 非现金
3. 假设利息和投资收益 — 非运营
4. 资产负债表运营资金项目变化 — 流动资金
5. 经营现金流
6. 资产负债表固定及无形资产 — 投资现金流
7. 资产负债表负债及股东权益 — 筹资现金流

经营

投资　筹资

利息支出

现金变化 ➡ 资产负债表现金部分 ⑧

---

1. 举例阐述：在企业现金运转流程图中，哪些环节是与经营紧密相关的？为什么？

2. 举例阐述：在企业现金运转流程图中，哪些环节与投资紧密关联？哪些环节与筹资紧密关联？为什么？

3. 举例阐述：企业现金流与资产负债有什么关联性？为什么？

● 上互联网下载一个空白的标准版的现金流量表，根据企业实际情况或模拟企业经营情况填写，并打印出来。

学习心得

根据任务的难度和完成的质量、数量、创新性、相关性、匹配程度等，给予具体评分：90-99、80-89、70-79、60-69、50-59、40-49、30-39、0-29。未做任务者计0分。

常用财务指标分类及计算公式

【偿债能力分析指标计算公式】

短期偿债能力分析

- 流动比率。计算公式：流动资产/流动负债
- 速动比率。计算公式：（流动资产-存货）/流动负债
- 现金比率。计算公式：（现金+现金等价物）/流动负债
- 现金流量比率。计算公式：经营活动现金流量/流动负债
- 到期债务本息偿付比率。计算公式：经营活动现金净流量/（本期到期债务本金+现金利息支出）

长期偿债能力分析

- 资产负债率。计算公式：负债总额/资产总额
- 股东权益比率。计算公式：股东权益总额/资产总额
- 权益乘数。计算公式：资产总额/股东权益总额
- 负债股权比率。计算公式：负债总额/股东权益总额
- 有形净值债务率。计算公式：负债总额/（股东权益-无形资产净额）
- 偿债保障比率。计算公式：负债总额/经营活动现金净流量
- 利息保障倍数。计算公式：（税前利润+利息费用）/利息费用
- 现金利息保障倍数。计算公式：（经营活动现金净流量+付现所得税）/现金利息支出

【运营能力分析指标计算公式】

- 存货周转率。计算公式：销售成本/平均存货
- 应收账款周转率。计算公式：赊销收入净额/平均应收账款余额
- 流动资产周转率。计算公式：销售收入/平均流动资产余额
- 固定资产周转率。计算公式：销售收入/平均固定资产净额
- 总资产周转率。计算公式：销售收入/平均资产总额

【盈利能力分析指标计算公式】

- 资产报酬率。计算公式：利润总额+利息支出/平均资产总额
- 净资产报酬率。计算公式：净利润/平均净资产
- 毛利率。计算公式：销售毛利/销售收入净额
- 销售净利率。计算公式：净利润/销售收入净额
- 成本费用净利率。计算公式：净利润/成本费用总额
- 股东权益报酬率。计算公式：净利润/平均股东权益总额

【发展能力分析指标计算公式】

- 营业增长率。计算公式：本期营业增长额/上年同期营业收入总额
- 资本积累率。计算公式：本期所有者权益增长额/年初所有者权益
- 总资产增长率。计算公式：本期总资产增长额/年初资产总额
- 固定资产成新率。计算公式：平均固定资产净值/平均固定资产原值

> **温馨提示**：情景图任务的参考答案线索和思路都隐含在情景图和任务纸中，请根据问题用手机自查资料或案例，各团队按抽签顺序上台讲解、答辩和互动。

第三模块：创业经营管理训练之4

《经营现金流与财务报表》翻转课堂情景图任务 B

参见第105页翻转课堂情景图，根据实际情况选择任务，在团队讨论基础上，成员分工合作，在任务纸或大画纸上完成。

■ **利润表要素** 参见第105页情景图D，完成以下任务：

1. 举例阐述：什么是利润表？

> 上互联网下载一个空白的标准版的利润表，根据企业实际情况或模拟企业经营情况填写，并打印出来。

2. 举例阐述：在销售额中需要进行基本假设的要素有哪些？

3. 举例阐述：计算费用率涉及的要素有哪些？

4. 举例阐述：计算税前利润和净利润涉及的要素有哪些？

■ **资产负债表要素**　参见第105页情景图E，完成以下任务并翻转课堂：

1. 举例阐述：什么是资产负债表？资产负债表的资产项涉及哪些要素？

2. 举例阐述：资产负债表的负债项涉及哪些要素？这些要素当中又有哪些操作要点？

● 上互联网下载一个空白的标准版的资产负债表，根据企业实际情况或模拟企业经营情况填写，并打印出来。

■ **企业"三个报表"财务模型**　参见第105页情景图F，完成以下任务并翻转课堂：

1. 举例阐述：企业"三个报表"分别是什么？如何进行财务质量控制？

2. 举例阐述：看一个企业的运营状况，要先看哪个报表？再看哪个报表？最后看哪个报表？为什么？

学习心得

根据任务的难度和完成的质量、数量、创新性、相关性、匹配程度等，给予具体评分：90-99、80-89、70-79、60-69、50-59、40-49、30-39、0-29。未做任务者计0分。

109

"十四五"职业教育国家规划教材

以成果为导向的情景式可视化创新创业训练系统

创新创业课程资源库

案例 ● 教案 ● 音视频 ● PPT课件 ● 电子教材
策划方案 ● 课程思政资料和图片 ● 创业计划书

扫描二维码，学习二十大主要精神

模块三：
创业经营管理训练 之 5
创业方案策划与融资

模块三：创业经营管理训练之 5
创业方案策划与融资

可视化翻转课堂图

A 创业方案（计划书）策划与撰写

创业方案包括创业计划书、商业计划书等。创业计划书是创业者策划和制订，重心在创业的计划与各阶段、各环节如何落地实施。商业计划书主要是给投资者看的，重心在如何打动投资者，创业者如何能够成功融到资。

A1 计划书封面
- 封面的标题（项目名称）一定要比较特别，容易引起人们的注意和兴趣。如"在路上咖啡屋"创业计划书、"包租侠"著侈居置换平台创业计划书。标题可以主标题加副标题，主标题一定要醒目。
- 如果封面项目目标和互联网有关系，最好加上"互联网+"的字样。
- 封面不要杂乱，但要有一些设计感，适当加一点有视觉效果的图片，或是自己设计的项目LOGO。

A2 计划书目录
- 简单，要有些设计感
- 排版美观、舒展
- 每行页数标号要整齐

A3 主要内容（计划书主体结构参考）

- **A3-1 项目目标设定**：行业目标及实现的时间；产品或服务实现的目标；用相关数据描述行业和产品生命周期；目标用户描述（已经、潜在、重点）
- **A3-2 问题**：项目、产品或服务解决什么问题？解决的最大问题（强痛点）、中问题（中痛点）还是小问题（弱痛点）？公司、团队和项目存在哪些问题？解决对策是什么？
- **A3-3 解决问题的方案**：产品或服务如何让目标用户觉得"值"？产品或服务如何让目标用户觉得"好用"？产品或服务如何让目标用户觉得"好玩"？用一句话述解决这个问题的方案
- **A3-4 时机**：进入时机评估；遇不利情况的应对策略
- **A3-5 市场份额**：市场现状描述；市场态势；本企业、项目或产品的市场地位和市场份额；本行业发展程度评估与发展动态评估；如何带动就业？
- **A3-6 竞争情况**：主要竞争对手；差异性比较；如何让竞争对手做得更好？
- **A3-7 商业模式**：利益相关者交易结构解析；接触点解析；商业模式解析（定位、业务资源能力、关键模式、盈利模式、现金流结构）
- **A3-8 产品**：品类结构以及产品体系主要内容；成本分析与定价；产品实物照片或产品设计效果图
- **A3-9 资本结构**：资金筹集和使用情况；融资方式；融资前后的资金使用表
- **A3-10 团队结构**：创始核心团队成员特长介绍；团队组织结构及重要成员职务与分工
- **A3-11 收入结构**：收入来源；创建盈利模式解析（收入构成）；自建表格预测一个财务年度（12个月）的收入状况
- **A3-12 财务分析**：主要财务报表分析与预测（现金流量表、经营损益表）；投资的退出方式设计

A4 注意事项
- 计划书主要内容12个部分不要平均用力，有详有略。总页数30~50页为适合，Word文档，内容字号小四，宋体或宋黑皆可，段落小标题用四号黑体宋，封面字号字体根据版面确定定。做计划书不要用PPT，路演时才需要做PPT。
- 文字尽量用自己的语言写，不要直接从网上Copy下来，即使是用网上的文字，也要把网上的软回车符变成Word文档特有的硬回车符。
- 如有页眉和页脚，内容排版基本原则是"上不顶天，下不踩地"，即每页文字最上行不顶着页眉线，每页文字最下行不要贴着页脚线。

B 从种子轮到D轮的融资金额

B1 种子轮
种子轮融资额度一般是10万~100万人民币
- 公司在天使轮出让的股份通常在10%~20%之间，最多到30%，不能再多了。

种子轮融资时，投资人最看重的是创业者和他的团队。这个阶段创业者的想法究竟是否可行，能不能被验证成功，都是未知数，也是这个投资轮次里风险系数最大的一环。

种子轮阶段的天使投资人和投资机构一般更倾向于投自己熟悉的人、朋友介绍的人，或者本行业内有一定知名度的大咖、大V。

B2 Pre-A 轮
Pre-A轮融资额度一般是500~1500万人民币
Pre-A轮是因为本寒冬而出现的概念，额度介于天使和A轮之间。这个阶段的创业企业已经有了相对稳定的团队，各自的职能也开始逐渐细分，商业模式还没有完善到进入A轮的程度，但已经经过初步验证，比天使轮的模式成熟了。在准备这个轮次的融资时，创业者的融资心态要向A轮看齐，要让投资人看到创业者的决心、魄力和执行力。
- 公司在Pre-A轮出让的股份建议在5%~15%左右。

B3 A 轮
A轮融资额度一般是1000万~1亿人民币

虽然这一阶段很可能无法做到收支平衡，但是已经能比较清晰地看到商业模式，可以通过较丰富的用户数据验证，在其领域内也已拥有领先地位和口碑。A轮融资的目的主要是迅速扩张，复制成功模式。所以创业者需要做的是跟投资人一起看看未来，这个阶段投资人更关注整个团队的执行力和业务的市场前景。执行力决定了是否跑赢竞争对手市场；市场前景决定了是否会跑赢其他创业者更远，是否会给投资人带来比较好的投资回报。
- 公司在A轮融资出让的股份通常在10%~20%左右，也可根据实际情况适当调整。

B4 B 轮
B轮融资额度一般在2亿人民币以上

B轮融资的重点是新业务和新领域，在最初切入的商业模式已经成功验证后，创业要做的把把创业蓝图画得更加广阔。因此这一阶段投资人更看重商业模式的应用场景和覆盖人群，创业者需要去考虑如何把商业模式的应用场景拓宽，以及为已有的用户群体提供更多的服务，增加用户留存时长，提高用户渗透率。
- B轮融资阶段通常意味着新VC、PE机构的加入，天使投资会开始退出，这一阶段出让的股份通常在10%~15%。

B5 C 轮
C轮融资额度一般在10亿人民币以上

公司到了C轮阶段，一般都拥有很大的用户规模，具备了很强的盈利能力，且在行业内有大的影响力，至少是行业内前三。但可能需要进一步整合行业资源，持续扩展市场，与主要竞争对手烧钱争夺市场，以上市做准备。在C轮这个阶段，盈利能力很重要，如果市场占有率够高，即便不盈利一样会被机构抢投。
- 一般来讲C轮是公司上市前的最后一轮融资，主要作用是为了给上市定价，参考出让股份的通常在10%~15%。

B6 C轮的升级版（D轮、E轮、F轮融资）
选择D轮及之后N轮融资的公司一般都是体量大、烧钱抢市场的超级型项目，如滴滴、饿了么、OFO、摩拜单车等。

公司在D轮、E轮、F轮融资时出让股份通常不超过10%

C 如何识别不靠谱的投资人？

- **C1** 没钱还乱约创业者
- **C2** 已经投资了你的对手，还把你叫过去问数据 
- **C3** 集体决策，拖而不决 
- **C4** 先签排他协议，再拦腰砍价 
- **C5** 没创过业的创业导师，自诩专家事事都要管 
- **C6** 条款眼花缭乱还带文字陷阱、炸弹暗藏其中 
- **C7** 表面讲格局，暗地要利益 
- **C8** 自以为是地搞出一堆对赌条款 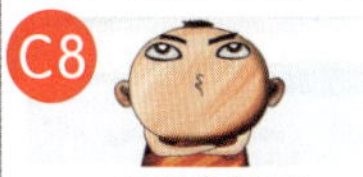
- **C9** 吹嘘背景关系实际形同骗子 
- **C10** 威胁恐吓，要求估值打折 

D 走在创业的发展路上

- **D1** 正确的方向
- **D2** 清晰的目标 
- **D3** 强烈的意愿 
- **D4** 有实现目标的方法 
- **D5** 百折不挠的毅力 
- **D6** 成果见证价值 
- **D7** 突破已有成绩不断螺旋上升

创业计划书

【问题聚焦】

创业方案包括创业计划书、商业计划书。创业计划书的重点是描述创业做什么，准备怎么做，财务预测分析以及相关工作和资源的安排说明。商业计划书的重点是商业运营计划，包括企业或项目的商业基础（做什么产品或服务、目前状况以及已经构建的业务基础）、商业模式（通过什么样的方式运营赢利）、商业分析（项目优势和亮点、回报分析）、未来计划等。

【创业计划书主要构成要素】

- 事业描述。你的事业到底是什么。描述所要进入的是什么行业，产业生命周期处于哪个阶段，卖什么产品或提供什么服务，谁是主要的客户，用什么样的组织形式。

- 产品/服务。从能带给客户的利益、与竞争对手的差异以及创新与独特之处三个方面描述提供的特色产品或服务。

- 目标市场。市场营销一定要找准目标市场，根据目标消费群选择适合的营销通路、价格策略、市场推广方案等。

- 经营地点。特别是门店选址，门店成功经营有四大法宝：第一是门店选址；第二是门店选人（主要选店长）；第三是门店选产品；第四是门店培训。

- 竞争分析。主要有：（1）主要竞争对手有哪些；（2）竞争对手的优势和劣势；（3）与竞争对手产品或业务相似程度如何；（4）从竞争对手那里学到了什么，如何才能做得比他们好。

- 团队管理。主要有：创业团队成员关键能力是否互补、分工职责是否界定明确，有没有管理经验和方法等。

- 满足人才需求。企业对人才的核心需求与人才的发展需求是否匹配？从哪里引进专业技术人才？薪酬和福利待遇如何设计？培训投入预算是多少？

- 财务需求与运用。主要有：如何筹资？融资到的款项如何有效使用？未来3年的现金流量、经营损益、资产负债等是否能比较准确地预估？

- 风险控制。主要有风险预测与制定风险控制方案。

- 成长与发展。下一步要怎么做？三年后会怎么样？五年后会怎么样？创业计划书不仅要解决如何生存，还要有未来和发展视野。

温馨提示：情景图任务的参考答案线索和思路都隐含在情景图和任务纸中，请根据问题用手机自查资料或案例，各团队按抽签顺序上台讲解、答辩和互动。

第三模块：创业经营管理训练之5

《创业方案策划与融资》翻转课堂情景图任务 A

参见第111页翻转课堂情景图，根据实际情况选择任务，在团队讨论基础上，成员分工合作，在任务纸或大画纸上完成。

创业方案（计划书）策划与撰写

参见第111页情景图A，完成以下任务并翻转课堂：

1. 结合实际或模拟的创业项目，设计一个《创业计划书》的封面。

2. 结合实际或模拟的创业项目，设计一个《创业计划书》的目录。

创新创业课程资源库

案例 ● 教案 ● 音视频 ● PPT课件 ● 电子教材
策划方案 ● 课程思政资料和图片 ● 创业计划书

扫描二维码，学习二十大主要精神

3. 结合创业项目，用500字对项目特点进行简明扼要地描述。

创业计划书主要内容参考

■ **项目目标设定**
- 行业目标及实现的时间
- 产品或服务实现的目标
- 用相关数据描述行业和产品生命周期
- 目标用户描述（已经、潜在、重点）

■ **问题**
- 项目、产品或服务解决什么问题
- 解决的是大问题、中问题、还是小问题
- 公司、团队和项目存在哪些问题？解决对策是什么

■ **解决问题的方案**
- 产品或服务如何让目标用户觉得"值"
- 产品或服务如何让目标用户觉得"好用"
- 产品或服务如何让目标用户觉得"好玩"
- 用一句话描述解决这个问题的方案

■ **时机**
- 进入时机评估
- 遇不利情况的应对策略

■ **市场份额**
- 市场现状描述
- 市场预测
- 本项目或产品的市场地位和市场份额
- 本行业发展程度评估与发展动态评估
- 如何带动就业？

■ **竞争情况**
- 主要竞争对手
- 差异性比较
- 如何比竞争对手做得更好

■ **产品**
- 品类结构以及产品体系主要内容
- 成本分析与定价
- 产品实物照片或产品设计效果图

■ **商业模式**
- 利益相关者交易结构解析
- 接触点服务解析
- 商业模式解析（定位、业务系统、关键资源能力等）

■ **资本结构**
- 资金筹集和使用情况
- 融资方式
- 融资后的资本使用表

■ **团队结构**
- 创始核心团队成员特长介绍
- 团队组织结构及重要成员职务与分工
- 创始团队成员股份比例

■ **收入结构**
- 收入来源（解析收入构成）
- 预测一个财务年度（12个月）的收入状况

■ **财务分析**
- 主要财务报表分析与预测
- 投资的退出方式设计

学习心得

根据任务的难度和完成的质量、数量、创新性、相关性、匹配程度等，给予具体评分： 90-99、80-89、70-79、60-69、50-59、40-49、30-39、0-29。未做任务者计0分。

创业融资渠道

【问题聚焦】

企业的融资是企业寻求资金帮助、快速发展与壮大的重要手段。由于创业型企业在创业初期会存在一定时期的资金回笼空白期，会导致启动资金不足的情况。有些项目对创业期间资金的要求比较高，如果缺乏相应的应对措施，极有可能使非常具有市场前景的项目夭折。如何通过多种渠道的融资使企业得到运营资金，帮助企业度过困难时期或帮助企业进行扩大生产占领市场，是现代创业型企业快速发展壮大的重要方式，对创业型企业有着重要的意义。

创业项目融资渠道主要有两种：（1）债权融资（包括银行贷款、民间借款、发行企业债券、拆借、典当、融资租赁等）；（2）股权融资（包括风险投资、私募股权、增资扩股、员工持股、公开募股等）。股权融资不需要还本付息，只需要在企业盈利的情况分红，但有时需要让渡企业的管理权。

【创业型企业几种融资途径探讨】

● 银行贷款。银行贷款种类越来越多，条件也不断放松，创业者可视情况选择适合自己的。银行贷款主要有：（1）个人创业贷款（经银行审核后对符合条件的创业者而发放的一种专项贷款）。（2）商业抵押贷款：银行对外办理的许多个人贷款，只要抵押手续符合要求，银行不问贷款用途。（3）保证贷款：如果没有存单、国债、保单等，但家人或亲朋好友有一份稳定的收入，可以成为信贷资源，律师、医生、公务员、事业单位员工以及金融行业人员是信用贷款的优待对象，这些行业的从业人员只需找一到两个同事担保，就可以在金融机构获得10万元左右的保证贷款。

● 典当贷款。典当是以实物为抵押，以实物所有权转移的形式取得临时性贷款的一种融资方式。典当物品的范围包括：金银珠宝、古玩字画、有价证券、家用电器、汽车、服装等私人财物。典当行一般按照抵押商品现时市场零售价的50%–80%估价，到期不能办理赎回的可以办理续当手续。典当贷款也是一条简便、快捷、安全、可靠的融资渠道。

● 政府担保贷款。自2003年起，中国人民银行会同财政部、国家经贸委、劳动和社会保障部共同推出了"下岗失业人员小额担保贷款"，为有志于个人创业的下岗职工提供资金帮助。很多地区还成立了担保基金、协会、中心等，为个人创业贷款筹资提供担保。

● 合伙入股。合伙创业可以有效筹集到资金，充分发挥人才的作用，还有利于对各种资源的利用与整合。合伙投资需要：（1）明晰投资份额；（2）确定企业章程；（3）加强合作和信息沟通。

温馨提示：情景图任务的参考答案线索和思路都隐含在情景图和任务纸中，请根据问题用手机自查资料或案例，各团队按抽签顺序上台讲解、答辩和互动。

第三模块：创业经营管理训练之5
《创业方案策划与融资》
翻转课堂情景图任务 B

参见第111页翻转课堂情景图，根据实际情况选择任务，在团队讨论基础上，成员分工合作，在任务纸或大画纸上完成。

■ 从种子轮到D轮的融资金额

参见第111页情景图B，完成以下任务并翻转课堂：

1. 举例阐述：创业项目融资有哪些阶段？每个阶段融资金额和出让股份比例有哪些基本规则？

2. 结合实际或模拟的创业项目，谈谈你对创业项目融资有哪些想法和思路？

课程思政

团队讨论：
大学生《创业计划书》的撰写和实践如何贯穿"认识-实践-再认识-再实践"的过程。

■ **如何识别不靠谱的投资人？** 参见第111页情景图C，完成以下任务并翻转课堂：

1. 举例阐述：有哪些不靠谱的投资人类型？

2. 结合实际或模拟的创业项目，讲述一个你与投资人的故事，或你听说的投资故事。

■ **走在创业的发展路上** 参见第111页情景图D，完成以下任务并翻转课堂：

1. 举例阐述：创业成功需要具备哪些条件？

2. 结合创业项目，谈谈你已具备了哪些创业条件？你有哪些途径去接触投资人？如何向投资人介绍自己、项目和团队？

学习心得

根据任务的难度和完成的质量、数量、创新性、相关性、匹配程度等，给予具体评分：90-99、80-89、70-79、60-69、50-59、40-49、30-39、0-29。未做任务者计0分。

附记

创业型大学在成长
广东岭南职业技术学院创业实训基地之后街

中小企业创业与经营众创空间
创新创业项目训练基地 ● 创新创业系列课程教学实训室

广东岭南职业技术学院2013年4月与广东卓启投资有限责任公司联合创建了岭南创业管理学院，前瞻性地建立了"学院+公司+基金"三位一体战略，致力于培养实干型创业人才和创新型就业精英。广东岭南职业技术学院中小企业创业与经营专业面向全国高考统招并享有自主招生资格，从2013年9月开始，已培养毕业学生上千人。广东岭南职业技术学院是国内将学生创业教学、创业项目实训、创业项目孵化园和老师创业项目结合起来并率先落地的创业型大学之一。

中小企业创业与经营众创空间有创客、威客和极客：创客做创意，威客卖创意，极客把技术发挥到极致。

岭南创业管理学院众创空间训练基地
创业技能训练跨专业集训营 & "2+1"创业综合实操特训营

创业技能训练跨专业集训营和"2+1"创业综合实操特训营是广东岭南职业技术学院创业型大学建设中的主要特色之一，管理工程学院（原创业管理学院）是创业训练的主导学院，众创空间是中小企业创业与经营的创新创业项目训练基地，也是创新创业系列课程教学实训室。创业技能训练跨专业集训营和"2+1"创业综合实操特训营有四大支柱：团队、项目、导师、创业训练特色教材，主要内容：（1）关于团队：创业训练必须依托于团队，一个人可能可以走得更快，但一群人可以走得更远，一个人包打天下的日子已经过去了。（2）关于项目：项目分为模拟创业项目和真实创业项目。创业技能训练跨专业集训营主要用于训练模拟创业的项目团队，"2+1"创业综合实操特训营主要用于训练真实创业的项目团队。（3）关于导师：创业团队训练必须要有创业导师现场指导。每期的创业技能训练跨专业集训营和"2+1"创业综合实操特训营都会有6名导师在现场进入分出的20个左右的团队，导师对每个环节的指导贯穿全部训练过程。（4）关于创业训练特色教材：以广东岭南职业技术学院创业导师陈宏为首开发的情景式、可视化、全彩色创业训练教材是创新创业训练的基石。情景式、可视化的呈现是学生翻转课堂的前提，学生翻转课堂又能将创业理念转换为动作，只有动作化才能进行真正的创业训练，这样的训练才能出成果。

众创空间的创意团队组合

- **长颈鹿型**：创业要有一定高度，站得高才能望得更远。
- **独角兽型**：努力成长为估值达到10亿美金的创业公司。
- **黑 马 型**：赛马重于相马，黑马是在竞赛中跑出来的。
- **海 豚 型**：成为既有大格局又有悟性和灵性的创业者。
- **蝴 蝶 型**：蝴蝶在九型人格中代表着多技能的多面手。
- **鹦 鹉 型**：能够影响别人的人往往都拥有优秀的口才。
- **大 象 型**：实力和创意都是力量之源，创业者有力量。
- **老 虎 型**：项目和团队领军人物努力打造创业影响力。

创管学院 ● 电信学院双创育人深度融合
打造情景式数字化教育大平台

岭南创业管理学院众创空间也是二级学院之间的合作平台，各展所长，携手共进。

作者致谢

在创新创业教学实践探索过程中得到广东岭南职业技术学院原创业管理学院张锦喜院长、教务处翟树芹处长的指导，以及中小企业创业与经营专业刘隽老师和张艳荣老师的帮助，在此向他们表示衷心感谢！

在《创业经营实战》撰写和设计过程中得到肖自美教授、陈志娟教授、梁铭津女士的关心和支持，在此表示深深感谢！与此同时，对南京大学出版社编辑老师在此书出版过程中的辛勤付出表示衷心的感谢！